NADIA VOLF

Diplômée de l'école de médecine de Saint-Pétersbourg, spécialiste en neurologie, Nadia Volf vit en France depuis plus de dix ans et exerce en tant qu'acupunctrice à Paris.

Elle est l'auteur de deux ouvrages pratiques, *Vos mains sont votre premier médecin* (Fixot, 1994) – (réédition Robert Laffont, 2003) – et *Soyez invulnérable* (Robert Laffont, 2000), dans lesquels elle propose une méthode de massage et une hygiène de vie inspirées de l'acupuncture traditionnelle.

Vos mains sont
votre premier médecin

POCKET *Évolution*

Des livres pour vous faciliter la vie !

Jacques DOLLÉ *et Michel* LEBEL
En finir avec le cholestérol et les kilos supperflus
À travers l'expérience d'un patient et son dialogue
avec son médecin, comment changer ses habitudes alimentaires
pour dire adieu au cholestérol
et aux kilos supperflus.

Annie DUMONT
Réponses à vos questions sur la dyslexie
Reconnaître la dyslexie chez l'enfant en 117 questions.
Mieux connaître et comprendre ce trouble qui touche
8 à 10 % d'enfants scolarisés.

Robert HOPCKE
Il n'y a pas de hasards
La place des coïncidences dans le roman de notre vie.

Docteur Jean-Claude HOUDRET
Bien se soigner par l'homéopathie
Un guide familial, pratique et accessible, présentant
la méthode thérapeutique homéopathique pour
la prévention et la guérison des maux courants.

Pierre PALLARDY
Vaincre fatigue, stress, déprime et protéger son cœur
Mode d'emploi pour vaincre les maux du siècle et rester zen.

Jacques SALOMÉ
T'es toi quand tu parles
Jalons pour une grammaire relationnelle.

Catherine SERRURIER
Ces femmes qui en font trop...
Réflexion sur le partage des tâches au sein du couple.

David SERVAN-SCHREIBER
Guérir
le stress, l'anxiété et la dépression
sans médicaments ni psychanalyse.
Après l'intelligence émotionnelle,
une nouvelle « médecine des émotions ».

Docteur Nadia Volf
*Avec la collaboration de **Michel Levine***

Vos mains
sont
votre premier médecin

Les techniques simples
du massage des points d'acupuncture
pour soulager la douleur et prévenir les maladies

ROBERT LAFFONT

Photographies : J.-P. Collet.
Dessins : M. Roger.
Maquette : Anna Klykova.
© Éditions Fixot, 1994 ; éditions Robert Laffont, S.A., Paris, 2003.
ISBN 2-266-14553-3

Sommaire

Avant-propos

Une médecine
pas comme les autres...

Vous êtes en avion. Votre voisin s'écroule brutalement contre vous. Il vient d'avoir un malaise et a perdu connaissance. Il n'y a pas de médecin dans l'avion. Vous appuyez avec un de vos ongles sur un point précis au-dessous de son nez. Par simple réflexe, la tension artérielle de votre voisin remonte, et il revient immédiatement à la conscience. Une fois l'avion atterri, il pourra aller consulter un médecin pour diagnostiquer la cause de ce malaise.

Vous êtes en forêt, à une heure de route de la première ville, en train de chercher des champignons ou en promenade. Brusquement, l'ami qui vous accompagne est pris d'une douleur insupportable à la poitrine : crise cardiaque. Il n'y a pas de médecin à des kilomètres à la ronde. Vous pressez vos doigts sur les deux points précis qui se trouvent à la racine des ongles de ses auriculaires, et la douleur cardiaque cesse immédiatement. Une fois retourné en ville, votre ami pourra aller consulter un cardiologue.

Votre enfant se met à saigner du nez, il a la diarrhée ou il a simplement très mal au ventre ou à une dent ; votre femme a une très forte migraine ; vous êtes en train de nager et vous ressentez brusquement de terribles crampes dans les jambes... Vous avez un gros rhume, une douleur lombaire, une panne sexuelle... Dans tous ces cas, situations d'urgence ou maux quotidiens, il existe un moyen sûr et efficace de soulager rapidement la douleur : une simple pression sur un ou plusieurs points d'acupuncture, exactement comme vous pourriez presser un bouton de sécurité. C'est la digitopuncture, c'est-à-dire l'acupuncture sans aiguilles, l'acupuncture « avec ses doigts » dirons-nous...

Pour la pratiquer, il n'est pas nécessaire de connaître beaucoup de points, une dizaine suffit : dix points d'urgence qui, par le mécanisme du réflexe, apportent un soulagement immédiat à vos douleurs petites et grandes. Vos enfants pourront facilement apprendre ces points « magiques » : munis de cette trousse de soins très peu encombrante et simple à maîtriser, ils pourront guérir les maux qui surviendront pendant la classe, ou simplement dissiper leur trac avant un contrôle...

Ce livre est un manuel de secours, efficace et simple, accessible à tous, et qui ne nécessite d'autres instruments que vos doigts !

Il vous permettra aussi de savoir comment fonctionne votre corps, de découvrir ses zones de fragilité, afin de connaître les risques auxquels vous êtes plus particulièrement exposé et les moyens de les prévenir.

La douleur est le seul langage de notre corps, son unique façon d'exprimer un dysfonctionnement. Un peu comme le signal d'alarme qui clignote sur un tableau de bord. Or lorsque cela se produit, vous ne frappez pas rageusement le voyant lumineux pour qu'il cesse de vous aveugler : vous ouvrez le capot de votre véhicule pour vérifier l'état du moteur ! Pourquoi alors recourir systématiquement à des antalgiques qui « assomment » la douleur, sans chercher la cause profonde de son apparition ? « Parce que c'est le travail d'un médecin », me direz-vous. Soit ! Mais allez-vous voir votre médecin chaque fois que votre mal de tête vous reprend ? Et les antalgiques sont-ils jamais venus à bout de maux de tête répétitifs ? Mieux vaut connaître quelques techniques simples permettant d'identifier l'origine de la douleur. Une chose apparemment aussi simple qu'un mal de tête peut provenir d'un dysfonctionnement des ovaires, d'un dysfonctionnement du foie, d'une arthrose cervicale ou bien d'une hypertension artérielle. Or une simple pression sur les points correspondant aux organes éventuellement en cause vous permettra de savoir lequel d'entre eux est mal en point : la douleur provoquée par la pression, tel le meilleur des systèmes d'alarme, vous indiquera l'organe malade.

Grâce à ce livre, vos doigts pourront non seulement soulager, mais sonder, diagnostiquer.

Dans une même situation critique, une situation de très fort stress, par exemple, quelqu'un réagira par une crise néphrétique, un autre par une crise cardiaque, un troisième aura la diarrhée et un quatrième un ulcère de l'estomac. Car chacun de nous a un organe particulièrement fragile, susceptible de générer des troubles tout au long de notre vie. Il est important de connaître cette fragilité et de stimuler les capacités de l'organe faible pour une simple raison : mieux vaut prévenir que guérir ! Ce livre vous apprend également les techniques de massage qui, appliquées à quelques points, vous permettront de prévenir vos maladies.

C'est du désir de mieux faire connaître ma discipline à un plus large public qu'est née l'idée de rédiger cet ouvrage. Je me suis rendu compte que c'était la seule façon de faire bénéficier le plus grand nombre de personnes de la partie de mon savoir qui pourrait leur être utile dans leur vie de tous les jours.

Une autre de mes motivations est le désir que j'ai de voir les préjugés qui continuent d'entourer l'acupuncture et la médecine chinoise perdre un peu de leur virulence, aussi bien dans le grand public que chez certains de mes confrères.

« Vous y croyez, vous, à l'acupuncture ? » entend-on souvent. Pour dissiper cette méfiance, la réponse est simple : les lapins ne croient pas à l'acupuncture, et pourtant ça marche. Les bébés n'y croient pas non plus, et ça marche aussi très bien. L'acupuncture est efficace parce qu'elle repose sur des mécanismes physiologiques qui garantissent son action. Ces mécanismes peuvent être vérifiés scientifiquement et l'action de l'acupuncture objectivement évaluée.

Ce livre n'est pas un manuel de médecine. C'est un guide destiné à montrer le chemin vers une meilleure connaissance de son propre corps. En même temps, il permet d'accéder à la pratique d'une certaine prévention et, parfois, dans les cas extrêmes, d'intervenir efficacement en attendant l'arrivée des secours.

Dans un premier chapitre, **Ma longue marche**, j'ai tenu à relater brièvement comment j'ai été conduite à découvrir puis à pratiquer la médecine chinoise.

La suite du texte, qui traite de problèmes pratiques, est organisée en deux grandes parties : **Soulager** et **Prévenir**.

Soulager : je vous apprends comment intervenir pour soulager une souffrance, qu'il s'agisse d'un petit mal de la vie courante ou d'une situation d'urgence. Il vous suffira pour cela de presser avec votre doigt certains points précis de votre corps – les « bons points » en quelque sorte – dont je vous indique la localisation exacte.

Cette intervention se réalise par des **massages** réguliers de ces points. Je vous en enseigne les diverses techniques, qui seront également utilisées dans la prévention.

Prévenir : je vous indique comment, grâce à la digitopuncture, faire votre « check-up », en palpant certains points précis des pieds, des oreilles et du tronc. Ce n'est pas en rapport avec une affection précise, c'est une action de prévention, une hygiène de vie.

Pour ceux qui veulent en savoir plus, dans le chapitre **Médecine chinoise et digitopuncture**, j'explique quelles sont les bases de cette discipline. Qu'on se rassure, ce n'est pas un savant traité – un tel projet exigerait une bonne dizaine de volumes pour le moins... – mais une ouverture sur ce monde passionnant qui a encore beaucoup à nous apprendre.

Ce livre est, on le voit, destiné aussi bien à ceux qui souffrent et désirent un soulagement qu'aux personnes qui souhaitent se prémunir contre la maladie.

Puisse-t-il enseigner et rendre service, par un exposé simple et une lecture aisée. Tel est son but, tel est aussi le vœu le plus cher de son auteur.

Ma longue marche

Mes yeux d'enfant affolée sont posés sur l'homme étendu dans son lit. Je n'y crois pas, c'est un cauchemar... Pourtant c'est bien mon père, ce corps souffrant, suffocant, lui qui, jusqu'à ce jour, était mon grand protecteur.

Depuis trois jours, il gît là, terrassé par une crise d'asthme d'une violence rare. Dans notre appartement de Leningrad (on dit maintenant à nouveau Saint-Pétersbourg – comme au temps des tsars), ma mère et moi assistons impuissantes à son supplice. J'ai treize ans.

Ma mère, pourtant elle-même professeur de médecine, doit avouer son impuissance, ainsi d'ailleurs que les plus grandes sommités médicales qui se sont succédé au chevet de son mari, en vain. Elle et moi avons couru toute la ville pour trouver les médicaments rares, parce qu'étrangers, que l'on nous a prescrits. Quand nous les avons dénichés, croyant la victoire proche, eux non plus n'ont servi à rien. Quelle dérision ! La science nous abandonne...

Nous avons tout essayé, même les services d'urgence – qui n'ont d'urgence que le nom –, croyant à un miracle improbable. Au bout d'une heure ou deux d'attente angoissée, ils sont arrivés enfin, ont procédé à

16

une injection qui n'a apporté qu'un très bref répit au malade… mais ils étaient déjà repartis quand les suffocations ont repris.

Mon père continue de souffrir atrocement et ne parvient jamais à dormir plus d'une heure. Son regard implorant est insoutenable.

Qu'éprouve une enfant de treize ans devant une telle douleur ? Son cœur est déchiré par un terrible sentiment d'impuissance. Elle se sent vaguement coupable, elle a peur, elle refoule l'idée de la mort. Et, surtout, elle ne comprend pas. Elle est en colère.

Ma mère, je l'ai dit, est médecin. Jusqu'ici, un tout-puissant médecin qui sait soigner et guérir, un modèle… au point que je veux moi aussi exercer plus tard cette profession. Autour de nous, j'ai eu l'occasion de côtoyer nombre de ses collègues et amis. Jamais je n'ai douté de leur toute-puissance. Bien sûr, je sais qu'il existe des maladies que la médecine n'a pas encore vaincues. Mais ce n'est pas le cas de l'asthme, que je sache ? Et voilà que cette science se révèle incapable de soigner mon père ! C'est un scandale. Ma foi dans la médecine s'effondre…

Ma mère continue d'appeler des confrères au chevet de son mari, plus pour dire qu'elle n'abandonne pas que par espoir réel. Et c'est ainsi que ce troisième jour de la crise arrive à la maison, accompagnée par un chirurgien du cœur ami de mon père, une petite dame vieillotte, très simplement vêtue, ses cheveux enroulés en macarons sur les oreilles selon une mode périmée depuis longtemps. Elle s'appelle Maria S.

Au milieu du climat de tension dans lequel nous vivons depuis toutes ces heures, son calme me frappe. Bien que médecin elle aussi, la discrétion de son comportement tranche totalement avec l'attitude pleine d'autorité de ses confrères qui se sont succédé au chevet de mon père.

Sans plus prendre garde à ce qui l'entoure, Maria s'avance vers le lit. Je l'observe, comme fascinée.

Elle ne dit mot, ne se livre à aucun commentaire. Au contraire des autres praticiens, elle ne pose aucune question. En silence, elle prend le pouls de mon père, puis commence l'examen. Dans ce domaine aussi, elle est différente, insolite même : elle observe les oreilles, les yeux, palpe les plantes des pieds et certains endroits du tronc.

Quand elle a terminé, elle se tourne vers ma mère et, à notre grande stupéfaction, d'une voix douce mais ferme, retrace l'histoire complète de la santé de mon père. Tout est cité, depuis l'ulcère d'estomac qu'il développa tout petit durant le siège de Leningrad, jusqu'à cette fracture de l'épaule dont il fut victime jeune homme.

Je suis abasourdie, fascinée.

Je vois ensuite la « petite dame » sortir de fines aiguilles métalliques et les piquer dans les pieds de mon père.

Nous attendons. Le malade continue de haleter, de rechercher bruyamment à faire entrer de l'air dans ses poumons. Cette respiration sifflante, nous l'entendons depuis des jours, nous n'entendons plus qu'elle. Maria regarde mon père avec attention, calmement. Au bout d'une demi-heure, peu à peu le souffle du malade devient plus régulier, moins fort. Mon père s'assoupit. Il ne s'agit pas d'un apaisement momentané, mais d'une véritable amélioration. La nuit qui suit, il dort à peu près calmement. Un miracle s'est produit.

La doctoresse aux macarons nous fait part de son diagnostic. La malaria que mon père a contractée durant la guerre a eu des effets délétères à long terme. Son foie désormais altéré ne peut plus remplir correctement ses multiples fonctions. Cette défaillance engendre différents symptômes qu'elle décrit, entre autres l'ulcère d'estomac et l'asthme. Pour rétablir le bon fonctionnement de l'organisme, il faut traiter le foie, responsable de ces maux.

Elle nous explique cependant qu'il ne lui est pas possible de guérir l'organe trop touché, mais qu'elle a les moyens d'améliorer son fonctionnement et, par conséquent, de limiter les effets de cette atteinte.

Notre visiteuse revient le lendemain, toujours aussi calme et discrète, et traite à nouveau mon père avec ses aiguilles. Ce ne sera pas la dernière fois.

Moi, Nadia, je suis éperdue de reconnaissance… et déjà fascinée par cette femme qui aura une influence déterminante sur ma vie. À treize ans, je suis une adolescente sérieuse, pleine de désirs et de projets. J'ai vécu jusque-là dans un cercle privilégié, avec une mère nutritionniste, professeur de médecine, et un père docteur ès sciences et techniques, chimiste dans l'industrie textile et qui a fait une brillante carrière parmi les pionniers de la chimie des polymères. De ce fait, j'ai bénéficié d'une éducation soignée, qu'on pourrait qualifier de « bourgeoise », ce qui en URSS est très rare.

À côté de l'enseignement habituel, j'ai bénéficié de leçons de piano, de harpe, d'échecs et d'anglais (ce qui dans les années soixante est exceptionnel). On a veillé également à l'épanouissement de mon corps grâce à la gymnastique et au sport. Grâce à mes parents, je possède une solide culture intellectuelle, très ouverte sur le monde. Mais cette diversité d'expériences heureuses ne masque pas un fait douloureux : en comparant mes parents à ceux de mes amies, ils sont très vite apparus âgés et fragiles à l'enfant unique que je suis. Ainsi sont nés une inquiétude permanente pour leur santé et un sentiment de responsabilité à leur égard. J'ai la conviction que mon devoir est de veiller sur eux, et même de les prendre en charge, je ne sais pas encore bien comment, mais c'est ce que je dois faire…

C'est à moi d'assumer un peu la part du fardeau, me semble-t-il. Il faut dire que tous deux ont traversé de dures épreuves, et l'histoire de la famille de mon père est pleine de drames et d'injustices. En effet, son père était un général juif proche de Toukhatchevski (héros de la Révolution et l'un des principaux fondateurs de l'Armée rouge). Celui-ci, pris dans la vague des procès des années trente, entraîna mon grand-père dans la disgrâce, et tous deux furent condamnés et fusillés. La vie de la famille de mon père bascula alors dans le malheur et la ruine. Ma grand-mère, une femme très cultivée et raffinée, ne savait évidemment rien faire qui puisse lui permettre de gagner sa vie et assurer la subsistance de ses trois enfants – mon père alors adolescent et ses deux petites sœurs.

Mais la famille ne se trouvait pas seulement détruite et plongée dans une situation précaire, elle était devenue suspecte, mise au ban de la société. Mon père était devenu la « graine de mauvaise herbe » qu'il fallait éliminer, d'autant plus qu'il représentait un danger potentiel, le fils pouvant vouloir venger le père. Il aurait dû être expédié en camp de rééducation, si un événement malheureux n'était venu lui apporter une chance de survie : la Seconde Guerre mondiale. Au lieu de l'exil, de l'enfermement, il avait la possibilité de s'engager, de devenir soldat. C'est le choix qu'il fit, à seize ans. Durant le siège de Leningrad, ma grand-mère mourut de faim…

Mon père resta militaire douze années. Longtemps cantonné aux îles Kouriles, puis démobilisé à vingt-huit ans, il entreprit aussitôt des études supérieures, avec une faim incroyable de savoir. À quarante ans, il était professeur d'université... et, huit ans plus tard, l'asthme le terrassait. Cette maladie progressive avait trouvé un terrain fertile dans son organisme fatigué.

Lorsque, quelques jours plus tard, la « petite dame » vint à nouveau soulager les souffrances de mon père, je m'avançai vers elle avec le courage des timides.

— Madame, apprenez-moi à soigner mon père.

Maria posa sur moi un regard sévère et scrutateur. Je n'étais qu'une enfant et ma demande pouvait lui paraître cocasse, mais elle ne sourit même pas.

— Très bien, me répondit-elle. Mais c'est un long apprentissage... Tu devras tout d'abord me suivre dans mes visites et regarder ce que je fais.

Et c'est ainsi que je lui emboîtai le pas... pour de longues années !

À cette époque, elle travaillait dans un hôpital, celui où justement exerçait ce chirurgien du cœur ami de mon père et qui nous l'avait présentée. Mais elle officiait dans l'obscurité, une semi-clandestinité... L'acupuncture, cette science « chinoise », était mal vue en URSS, maintenant que les relations avec le grand frère s'étaient détériorées. Cependant, peut-être en raison de lourdeurs administratives, elle n'avait pas été interdite et restait tolérée.

La vie mouvementée de mon mentor, cette femme toujours restée fidèle à ses principes, mérite d'être rapportée. Elle reflète toutes les vicissitudes de notre pays durant ces quarante-cinq dernières années.

La Seconde Guerre mondiale la trouva jeune fille à Leningrad, où elle poursuivait des études de médecine. Durant le conflit, elle travailla comme infirmière. La paix revenue, dans les premières années de l'après-guerre, jeune médecin, elle épousa un Chinois venu étudier l'agronomie en URSS. Les relations entre les deux pays étaient alors au beau fixe, mais la situation se dégrada rapidement et le couple fut contraint de partir en Chine. Le métier d'agronome les conduisit à aller vivre dans de petites bourgades à la campagne, puis dans le village d'origine du mari, à mi-chemin entre Shanghai et Pékin.

La jeune doctoresse se heurta alors aux conditions sanitaires difficiles et à la situation médicale précaire de la Chine des années cinquante. Mais, dans le même temps, elle fit une découverte fondamentale. Le père et le grand-père de son mari soignaient avec des aiguilles, ainsi qu'à l'aide de plantes. Ils n'étaient pas médecins, ces connaissances se transmettaient simplement au sein de la famille, au fil des générations.

Bien sûr, Maria avait déjà entendu parler de cette pratique, mais on lui avait affirmé qu'elle était synonyme de charlatanisme ou d'obscurantisme. Pourtant, elle constata avec stupéfaction que ces hommes soulageaient… guérissaient aussi. Elle ne pouvait nier les effets de traitements dont elle pouvait observer tous les jours les résultats bénéfiques. Bientôt, elle demanda à sa belle-famille de lui enseigner cette science, qu'elle ne tarda pas à inclure dans sa pratique.

Au fil des années, la situation politique se transforma en Chine. Son mari mourut tragiquement au cours de la Révolution culturelle. Ils n'avaient pas d'enfants.

Maria rentra en URSS, peu avant 1970, se réinstalla à Leningrad et travailla modestement. On la casa dans un recoin de l'hôpital, où elle exerça cette discipline bizarre que la médecine scientifique regardait avec méfiance…

Chaque jour, je la rejoignais très tôt à l'hôpital, ses consultations ayant lieu entre 7 heures et 9 heures du matin. Souvent, j'arrivais en retard au lycée, mais ma mère me soutenait beaucoup et je ne manquais jamais de mots d'excuse pour mes retards… Je passais en outre mes week-ends et même les grandes vacances avec la « petite dame ».

Peu à peu, j'appris à la seconder : je lui préparais ses aiguilles. Ce n'était pas une aide négligeable, car les clients étaient nombreux à se présenter à la consultation, au moins quarante par jour. De plus, l'acupuncture étant plutôt déconsidérée, le local dont elle disposait était une pièce exiguë où on avait réussi à caser trois lits côte à côte, sans séparation. Aussi, pour les soins, devait-elle alterner les séances pour les hommes et celles pour les femmes.

J'apprenais progressivement la localisation très précise des points d'acupuncture – chacun mesure moins d'un millimètre. Par conséquent il me fallait étudier l'anatomie avec une grande précision pour éviter de piquer les vaisseaux ou les troncs nerveux, ce qui allait me procurer un sérieux avantage quand j'entamerais mes études de médecine ! Mon professeur m'enseignait la profondeur à laquelle devait être enfoncée l'aiguille pour chaque cas, et les sensations caractéristiques que devait éprouver le malade quand on le piquait. Afin d'être certaine de bien connaître toutes ces données, je les testais sur moi-même.

Pour mieux assimiler les noms de chaque point et leur fonction, désignés en chinois, j'entrepris l'apprentissage de cette langue – mais apprendre le chinois à Leningrad dans les années 1975 relevait véritablement de la course d'obstacles ! Les mauvaises relations sino-russes empêchaient le développement d'échanges et de contacts. Les livres chinois étaient très rares ; quant aux manuels d'acupuncture, inutile d'y songer, ils réunissaient aux yeux des autorités deux caractéristiques honnies : être chinois et traiter d'acupuncture – c'est-à-dire de charlatanisme. Finalement, je parvins à me procurer un ouvrage écrit en chinois, en l'occurrence un traité de philosophie échoué à Leningrad je ne sais trop comment.

Cette femme discrète et simple, mais au caractère indomptable, a donc été mon maître en acupuncture. Durant près de quinze ans, nous nous sommes rencontrées tous les jours, mais nos relations ont toujours gardé une distance, une austérité, qu'elle pensait devoir imposer entre enseignant et enseigné. Maria avait le sens de ce qu'elle se devait à elle-même. Je sais qu'elle m'aimait comme je l'aimais, mais les manifestations extérieures de ces sentiments étaient exceptionnelles : tout au long de ces années, elle ne m'a embrassée que deux ou trois fois, lorsque j'ai fait la preuve que j'étais digne de son enseignement.

Cependant, lors des dernières années que nous avons passées ensemble, les rôles se sont peu à peu inversés. C'est elle qui désormais m'interrogeait. Toutefois, son esprit essentiellement pratique ne comprenait pas toujours la motivation et les objectifs de mes recherches. Son élève lui échappait, prenait des chemins qu'elle n'avait pas imaginés. Nous étions désormais sur deux rivages distincts.

Elle est morte à soixante-quatre ans, quelques mois avant que je quitte moi-même la Russie avec ma famille. Affaiblie et malade, je la soignais. L'irréparable est arrivé durant les trois jours que je passai à Moscou pour me défendre et tenter de sauver le cours que j'avais créé, car j'avais alors de graves ennuis avec le KGB. Maria souffrait de calculs rénaux et fit une crise particulièrement sévère, que généralement je parvenais à maîtriser par l'acupuncture. En mon absence, sa voisine appela les secours d'urgence qui la transportèrent à l'hôpital, où elle mourut sur la table d'opération. J'arrivai trop tard.

Juillet 1978, il fait chaud à Leningrad. Mon diplôme de fin d'études (l'équivalent du bac) à peine obtenu, je me prépare pour une épreuve beaucoup plus difficile : l'examen d'entrée à la faculté de médecine. Ce concours est très sélectif, cette année-là six cents places sont offertes aux sept mille candidats. Cet institut est très demandé, car il dispense une formation poussée. En plus du cursus normal des études de médecine, offrant un enseignement général puis une spécialisation au terme des cinquième et sixième années, on forme aussi directement des pédiatres.

Pour moi, l'épreuve du concours se révèle encore plus ardue, car je dois vaincre un obstacle supplémentaire considérable : je suis juive et il n'y a que six places offertes aux étudiants juifs. La « patrie du socialisme » n'a pas encore exorcisé ses vieux démons...

En plein été, le 15 août 1978, j'apprends une formidable nouvelle : je suis reçue ! Après avoir rempli l'obligatoire mois de travail dans un kolkhoze, les études commencent. J'arrive sur les bancs de ce vénérable et célèbre institut avec une seule idée en tête : apprendre, apprendre et apprendre pour devenir médecin.

Mon ambition scientifique, mes grands projets vont enfin pouvoir commencer à prendre forme. Dès maintenant, je veux que mes nouvelles connaissances éclairent mon savoir en médecine chinoise, qu'elles me permettent, par l'observation des malades appuyée sur des recherches expérimentales, de mettre en évidence les mécanismes et les modes d'action de l'acupuncture. À l'inverse, je souhaite étayer les diagnostics classiques en leur ajoutant les approches chinoises.

J'ai la foi du charbonnier et je m'attaque à cette tâche énorme : créer des passerelles entre acupuncture et médecine classique, les faire travailler ensemble, favoriser leur intégration mutuelle.

Pendant les premières années, comme partout, on apprend les matières fondamentales – biochimie, biologie, physiologie, histologie et, évidemment, anatomie. Dans ce dernier domaine, je possède une avance confortable sur mes condisciples puisque, depuis des années, ces notions me sont familières et que souvent je les ai perçues avec plus de finesse que ne peut le faire la médecine occidentale. J'apprends les dénominations latines (en Russie, une partie de la médecine emploie des termes latins) de ce que je connais déjà en chinois.

Très vite, mon obstination à vouloir lier médecine occidentale et acupuncture me fait repérer par mes condisciples comme une originale, et ils me témoignent une patience parfois un peu crispée. Je ne perds pas une occasion d'interroger les professeurs à propos des points d'acupuncture et de leur origine dans le développement embryonnaire. Élèves et enseignants me conseillent de ne pas m'obstiner, car ils considèrent que ces points n'existent pas. Les commentaires peu flatteurs sur ma santé mentale ne sont pas rares.

Au cours d'un stage à l'hôpital, j'ai l'occasion de voir des enfants atteints de scarlatine. Cette maladie fatigue énormément et surtout peut provoquer des séquelles graves au niveau cardiaque. Émue par la détresse des petits malades fiévreux qui sont entassés dans une chambre, gardés seulement par une infirmière débordée et privés de la visite de leurs parents à cause de la contagion, je décide de tenter de leur venir en aide.

Face à une maladie infectieuse, l'acupuncture ne se substitue pas aux médicaments, mais je suis persuadée, en revanche, qu'elle peut permettre au corps d'augmenter ses capacités de défense. En termes plus savants, je dirai qu'elle stimule le système immunitaire. Ainsi, l'organisme terrasse plus vite ses agresseurs, la maladie s'atténue plus tôt. N'étant pas encore médecin, je n'ai pas le droit d'utiliser des aiguilles (ce que je sais faire cependant…), aussi j'entreprends de masser des points d'acupuncture chez un groupe d'enfants atteints de scarlatine, par ailleurs soignés avec des antibiotiques, alors qu'un autre groupe reçoit seulement des médicaments. Je compare ensuite les résultats. Ceux-ci sont patents : la fièvre et la douleur disparaissent plus rapidement dans le groupe des enfants massés. Ils se sentent mieux et quittent l'hôpital plus tôt.

C'est bien, mais il faut évidemment trouver une explication à cela. Comme il me semble impensable de faire des prises de sang, douloureuses, à ces enfants, j'analyse leur salive et mesure les traces immunitaires qui y sont présentes. Je découvre alors que des substances, les immunoglobulines A, qui constituent une des signatures de la réaction immunitaire, sont présentes à un taux plus élevé chez les enfants qui ont bénéficié des massages. Cela démontre qu'une stimulation des points d'acupuncture bien choisis agit sur les réponses immunitaires et les renforce.

Très vite, les enfants de l'hôpital constituent d'ailleurs mes premiers partisans. Ils me poursuivent dans les couloirs, m'escortent dans la cour de l'hôpital. Même plus tard, quand, devenue médecin, j'utiliserai les aiguilles, leur crainte devant la piqûre se révélera toujours de courte durée. Je contribuerai à cela en leur proposant de dire un mot magique « abracadabra », ou « hop » pour les plus petits qui ne peuvent pas encore articuler le premier terme. Je pourrai alors les piquer sans douleur, profitant de la brève interruption de la respiration nécessaire pour prononcer ce mot.

Durant ces années d'études, je n'ai guère le temps de me distraire, d'aller danser ou de fréquenter les cinémas. Beaucoup de mes amis se fâchent sous prétexte que je les délaisse. Pourtant, je ne vis pas en recluse, en future vieille fille entièrement consacrée à ses recherches scientifiques, puisque c'est à cette époque que je rencontre mon futur mari. Léonid étudie également la médecine. Il vient de Moscou et loge dans un foyer pour étudiants. Dans cet établissement dénué de tout confort, il partage une chambre avec... sept autres camarades. Ce ne sont vraiment pas les conditions idéales pour poursuivre des études difficiles ! Mais lui aussi est un passionné. Il s'intéresse à mes travaux et, comme nous avons la clé du laboratoire de la faculté, nous y travaillons tard dans la nuit pour mener les recherches que nous avons entreprises, en particulier sur des lapins.

Puis notre groupe d'étudiants est envoyé à Kirichi, près de Leningrad. Là se trouve un complexe industriel qui rejette des déchets très polluants pour l'environnement et les habitants. Il s'agit pour nous d'étudier la situation médicale de la population. Mais, bien sûr, motus, secret d'État...

Les enfants souffrent de nombreuses manifestations allergiques dont l'asthme. Comme nous le constatons rapidement, la grande majorité d'entre eux présente un niveau de sensibilité aux différentes substances allergènes bien plus accentué que la normale. S'il n'est pas possible d'éliminer cette réaction allergique une fois qu'elle est installée, je sais qu'on peut, en revanche, faire en sorte qu'elle se déclenche le plus tard et le plus difficilement possible et que la sensibilité aux allergènes soit plus faible.

La digitopuncture, c'est-à-dire le massage des points d'acupuncture, permet d'arriver à ce résultat.

Léonid et moi enseignons donc aux enfants et aux adultes les massages à effectuer tous les jours afin d'améliorer leur résistance à la pollution. Quand nous rentrons à Leningrad, nos propres travaux ont pris du retard, si bien qu'après avoir passé nos examens nous n'avons guère le temps d'organiser une cérémonie pour notre mariage. Celle-ci est réduite au strict minimum, un passage devant M. le maire et c'est tout. Notre lune de miel, nous la passons… dans le laboratoire, en compagnie des lapins.

En troisième année d'études, je décide de me plonger dans la pharmacologie, c'est-à-dire l'étude des médicaments et de leurs mécanismes d'action.

Lorsque j'entre dans le laboratoire de pharmacologie et annonce que je veux observer les effets du traitement par acupuncture de certaines maladies, le jeune chef de laboratoire me rit au nez.

— Essaie donc et, si tu réussis, alors moi je créerai un groupe d'études sur le chamanisme !

Le chamanisme est une religion très répandue en Asie centrale, qui se fonde sur une relation directe entre l'homme et les esprits surnaturels. On voit en quelle estime on tient dans les milieux scientifiques cette thérapeutique millénaire. Mais j'ai l'habitude de ce genre de réaction et je me mets au travail, en étudiant particulièrement l'épilepsie.

Malgré des progrès considérables réalisés dans le traitement de cette maladie, celle-ci demeure une affection lourde, pénible, et qui souvent gêne la scolarité et la vie professionnelle, sociale, de ceux qui en sont atteints. Les traitements, pas toujours efficaces, restent contraignants, car les malades doivent être suivis pendant longtemps et de façon très systématique.

L'origine de cette maladie est souvent un grave traumatisme (par exemple dû à un accident) ou une lésion cérébrale qui s'est produite à la naissance (et chez nous, à cette époque, la sécurité à la naissance laisse encore à désirer…). Cependant, de nombreux cas demeurent pour lesquels on ne trouve guère d'origine aux atteintes épileptiques (plus ou moins graves et durables, d'ailleurs).

Quand je commence ces travaux, je sais que quelques points d'acupuncture bien précis ont le pouvoir d'interrompre une crise, alors que les médicaments, eux, ont pour fonction d'éviter cette crise. Je décide donc de déclencher artificiellement des crises d'épilepsie chez des lapins. Ouvrons ici une parenthèse. J'aime beaucoup les animaux et je prends toujours garde de ne pas leur faire de mal. D'ailleurs, le premier lapin avec lequel j'ai travaillé est devenu l'un de mes grands compagnons. Avant de me réfugier en France, dans la bousculade de ces derniers jours terriblement angoissants, je penserai néanmoins à confier mon cher vieux lapin à des voisins afin de ne pas l'abandonner dans la campagne où, trop apprivoisé, il aurait vite perdu tous ses repères.

Ainsi, durant plusieurs mois, je travaille sur des lapins. Pendant les crises d'épilepsie se produisent des modifications électriques du cerveau, observables sur ces enregistrements de l'activité électrique que sont les électroencéphalogrammes. Il s'agit de voir l'effet de l'intervention par acupuncture, en pleine crise.

À vrai dire, avant de commencer mes expériences, je ne suis guère confiante car je sais que les puissants médicaments eux-mêmes ne se montrent pas suffisants. Comment de simples aiguilles pourraient-elles avoir un meilleur effet ? Pourtant, bien vite, je constate, à la fin de chacune de mes observations, que mon hypothèse se vérifie et que, dans ce domaine de la neurologie, l'acupuncture s'avère pleinement efficace. La stimulation des points interrompt les crises en quelques secondes ! J'éprouve chaque fois une jubilation, un enthousiasme enfantin, que je m'efforce de tempérer.

Bien évidemment, il faut vérifier et revérifier, recommencer maintes fois les expériences. Chaque fois, j'ai le cœur battant. Et si, précisément aujourd'hui, cela ne réussissait pas ? Si au cours des essais précédents j'avais bénéficié de hasards favorables ? Et si je rencontrais des lapins insensibles à l'effet des aiguilles ?

Mais toujours le résultat est là, devant mes yeux : la crise s'arrête, comme en témoigne non seulement le comportement de l'animal, mais surtout le tracé de l'électroencéphalogramme. Ainsi, de simples petits morceaux de métal peuvent interrompre les convulsions ! Cette fois, je crois que le sceptique chef de laboratoire, au vu de mes résultats, va bien être obligé de créer son groupe d'études sur le « chamanisme »...

En fait, je me rends compte assez rapidement qu'il est inutile de tenter de convaincre les autres médecins et particulièrement les chefs de service en leur proposant des théories ou des discours : tant qu'ils n'auront pas réellement vu de leurs propres yeux une réussite, ils n'y croiront pas.

Heureusement, les événements vont me permettre de les gagner à ma cause...

La première occasion s'offre... dans un ascenseur.

Je monte dans la cabine en compagnie d'un groupe d'étudiants et d'une assistante. L'ascenseur s'élève... et s'immobilise, bloqué. Très vite, une jeune femme s'effondre en gémissant.

— J'ai mal, appelez vite quelqu'un pour me soigner !

Que faire ? Elle souffre d'une violente crise de coliques biliaires, où le stress a sans nul doute joué son rôle. Je m'avance et je lui masse les points correspondants. La douleur s'apaise, l'assistante est bien entendu ravie. Comble de bonheur, l'appareil se remet en marche…

Je suppose que ma patiente occasionnelle a raconté cet épisode à son chef de service, car celui-ci, dans les jours qui suivent, me salue aimablement, devient charmant avec moi et même m'interroge sur la manière dont je m'y suis prise pour soulager l'assistante. De fil en aiguille, si je puis dire, j'en arriverai à traiter la propre nièce de cet éminent confrère…

En 1984, la fin de mes études approche. Le diplôme de médecine se décerne au printemps. Comme tous les étudiants, je suis dévorée d'inquiétude et je m'interroge sur mon avenir. Que vais-je faire ensuite ? Où vais-je exercer ?

Il faut savoir qu'en URSS, à cette époque, le médecin fraîchement diplômé ne choisit pas son affectation. On lui désigne un poste. Aussi, chacun redoute par-dessus tout de se retrouver bientôt dans un village perdu de Sibérie, en butte au climat rigoureux et sans ressources scientifiques ou médicales proches. La pratique de la médecine y est vraiment difficile, éprouvante, pour le praticien isolé.

À Leningrad, chaque année, les cinq cents médecins diplômés n'ont donc qu'une obsession : rester en ville ou à proximité. La compétition est âpre. En principe, les affectations se font selon les résultats universitaires, mais, en réalité, des interventions compliquées et tortueuses font que le « piston », les « passe-droits » ne sont pas rares.

Mais être nommé dans une grande ville n'est pas toujours une vraie chance. Il y a toujours le risque de devoir exercer dans une polyclinique – véritable usine à malades où l'on travaille pratiquement à la chaîne. En période d'épidémie de grippe par exemple, un seul médecin peut avoir entre ses mains la responsabilité de mille personnes ! C'est d'ailleurs ce qui arrive à Léonid, malheureusement affecté dans l'un de ces hôpitaux.

Outre la chance et les relations, une autre manière, pour un jeune médecin, d'échapper à l'isolement de la Sibérie ou à l'abrutissement de la polyclinique, c'est de continuer ses études à la faculté. Autrement dit, il faut devenir docteur ès sciences, préparer une thèse et, si possible, obtenir une bourse d'études. Voilà la voie royale, mais très sélective. Une voie qu'il m'est particulièrement difficile d'emprunter puisque je suis juive, donc *a priori* écartée.

Cependant, Léonid et moi avons quelques atouts. Nos notes sont les meilleures et nous pouvons déjà présenter une quinzaine de publications scientifiques. De plus, pour une fois, l'acupuncture nous aide. J'ai la chance inouïe de parvenir à concilier à la fois mon travail et la poursuite de mes études, puisque j'occupe un poste de médecin réflexothérapeute et acupuncteur à l'hôpital et que je peux préparer ma thèse. C'est inespéré, merveilleux. Léonid aussi bénéficie d'un avantage exceptionnel, puisqu'il est reconnu comme spécialiste d'acupuncture – je lui ai transmis ma science –, ce qui normalement n'aurait été possible qu'après cinq années de travail comme généraliste.

Durant quatre années, je prépare donc ma thèse de pharmacologie tout en travaillant auprès de mes malades. En 1985 naît notre fils Artyom, prénom qui le place sous la protection de la déesse Artémis. Bien sûr, lors de sa naissance, j'utilise des points d'acupuncture pour atténuer les douleurs de l'accouchement, suscitant ainsi la curiosité et l'envie de mes voisines de lit...

Étant médecin, j'ai désormais le droit d'utiliser les aiguilles. Les demandes ne manquent pas, surtout de la part de patients qui souffrent de malaises ou d'incommodités depuis longtemps et auxquels la médecine classique n'a pu apporter qu'un soulagement temporaire, souvent parce qu'elle ne bénéficie pas du regard global qui caractérise la médecine chinoise traditionnelle.

Le cas de Lydia est typique. Âgée de quarante-cinq ans, cette femme usée et fatiguée souffre constamment du bras gauche. Le radiologue a diagnostiqué une arthrose, aussi je soigne cette femme à l'aide de massages puis par électropuncture – une stimulation des points par courant électrique. Mais rien n'y fait. Je décide donc de procéder à un diagnostic par acupuncture. Celui-ci me révèle alors qu'un trouble des poumons serait à l'origine de cette douleur tenace. La malade se souvient effectivement qu'à vingt ans elle a développé une tuberculose.

Je stimule donc les points correspondant au méridien des poumons et obtiens des résultats aussi rapides qu'étonnants. Dès la première séance, la douleur s'estompe, comme disparaissent ensuite angoisses, insomnies et fatigue. Que s'est-il passé ? Les poumons et les épaules ont les mêmes centres d'innervation, au même niveau de la moelle épinière, si bien que les troubles de l'un peuvent se répercuter sur l'autre. Peu à peu, certains de mes confrères, d'abord sceptiques pour ne pas dire ironiques, s'intéressent à mes méthodes et m'appellent pour me suggérer de traiter quelques-uns de leurs malades.

C'est une période très dense de ma vie où j'entre vraiment de plain-pied dans ma profession, où les expériences, les contacts avec les patients m'enrichissent et me font progresser dans ma pratique.

Un de mes souvenirs les plus forts concerne un jeune garçon que ma pratique de l'acupuncture a sauvé d'une mort certaine. Cela se passe à l'hôpital, tard dans la soirée. Je viens de remonter dans le service dont j'ai la charge, après avoir pris une tasse de thé, quand le téléphone intérieur sonne. C'est un des chirurgiens. Il m'annonce qu'on vient d'amener en urgence un adolescent de quatorze ans souffrant d'une hernie étranglée. Il faut donc l'opérer tout de suite.

Malheureusement ce garçon ne tolère aucun anesthésique, car ceux-ci déclenchent chez lui de graves réactions allergiques mettant sa vie en jeu. Notre hôpital, comme tous les autres de Leningrad, ne dispose pas de produit susceptible d'entraîner des réactions moins dangereuses. Il ne reste qu'une solution, que me souffle le chirurgien : l'anesthésie par acupuncture. Nous prenons des risques énormes, mais il s'agit de sauver ce garçon.

Une fois la décision prise, je le prépare et lui place des aiguilles aux points analgésiques. J'ai beau connaître les possibilités de l'acupuncture, tout de même je ne suis pas très rassurée. Par précaution, je double le nombre d'aiguilles nécessaire et attends une heure afin d'être sûre que l'effet antidouleur s'est bien établi.

Pendant que le chirurgien opère, j'active les aiguilles par stimuli électriques pour maintenir l'enfant dans l'état voulu. Mes doigts tremblent tellement que je dois fournir un grand effort de concentration pour accomplir ma tâche au mieux.

Le jeune garçon ne dit mot, ne manifeste aucune douleur pendant la durée de l'intervention, qui me semble interminable… À un moment seulement, lorsqu'on incise un tissu particulièrement innervé, il murmure : « Ah, j'ai mal ! », et c'est tout. Le chirurgien m'avouera ensuite n'avoir jamais eu aussi peur depuis la dernière guerre, lorsqu'il opérait sous les bombes.

On conduit le garçon dans son lit. Tout s'est très bien passé. Deux heures après l'opération, je jouerai aux échecs avec lui.

À Leningrad, en décembre 1986, je soutiens ma thèse devant une commission spéciale qui rassemble des professeurs de pharmacologie de toutes les facultés du pays. Malgré ma jeunesse, je m'en tire avec honneur. Je suis la première à être nommée professeur de pharmacologie à vingt-cinq ans, si bien que je vais dispenser mon enseignement à des étudiants souvent bien plus âgés que moi…

Trois ans plus tard, je décide de créer un stage de deux semaines pour former les étudiants de dernière année aux méthodes de diagnostic et de soins d'urgence, basées sur la réflexothérapie et l'acupuncture. Je suis en effet convaincue qu'un médecin doit avoir le plus de moyens possible à sa disposition pour juger rapidement de l'état d'un malade et ainsi agir le plus efficacement. Il me semble que ça tombe sous le sens. De plus, les moyens techniques modernes peuvent toujours faire défaut tandis qu'on a toujours ses dix doigts à disposition, et il est bon de savoir les faire agir à bon escient.

Mon intention est donc de créer un cours d'acupuncture à la faculté de médecine. Et c'est là que les difficultés commencent. Le recteur de la faculté, dont j'ai soigné avec succès l'hypertension, me donne son accord, mais le ministère de l'Enseignement supérieur refuse le feu vert. Comment faire revenir ces messieurs du sommet sur leur décision ? En allant à leur rencontre, en les convainquant de vive voix du bien-fondé de mon projet. Accepter les décisions aveugles n'est pas mon fort. Je pars donc à Moscou et me rends au ministère, bien décidée à me bagarrer...

Comme il se doit, une secrétaire est là qui me barre la route. Il n'est pas question de me laisser approcher le ministre. Tout en discutant avec elle pour tenter de la fléchir, mon attention est attirée par un point du pavillon de son oreille. Un point qui, pour moi, « parle ». Aussi je lui demande doucement :

— Vous avez très mal à la tête en ce moment, n'est-ce pas ?

— Oui, répond-elle, toute surprise, depuis une semaine.

Je profite de son étonnement pour pousser mon avantage et examine cette femme qui, quelques secondes auparavant, m'opposait une mine rébarbative. Je lui fournis mon diagnostic et, mieux encore, lui dresse la liste de tous ses maux depuis l'opération qu'elle a subie au rein droit jusqu'à l'inflammation de la gencive après l'extraction d'une dent. Puis, sans hésiter, je passe au traitement et la pique aux points d'acupuncture des méridiens du rein et de la vessie, puis masse les zones correspondantes du pied.

Il ne faut que quelques minutes pour qu'elle constate avec stupéfaction que migraine et fatigue ont disparu... Elle commence à me trouver très sympathique. Je lui indique les zones du pied qu'elle doit se masser deux-trois minutes par jour afin d'entretenir cette amélioration et éviter de rechuter, sans oublier de lui prodiguer des conseils diététiques. La suite, vous la devinez : elle me conduit sans hésiter auprès de son ministre.

Par chance, si je puis dire, le ministre lui aussi a des problèmes de santé. Il souffre d'un rhume des foins (nous sommes au printemps et il est allergique aux pollens). Des douleurs lombaires le taraudent et sa vésicule biliaire se manifeste.

Je poursuis donc mes consultations… Après une brève séance de soins couronnée de succès, le ministre signe tous les documents indispensables pour l'ouverture du cours. Au moins, je suis certaine qu'il a compris (et même ressenti) la nécessité de cet enseignement…

Celui-ci devient obligatoire dans le cursus des études médicales… Mais il n'a pas un grand succès pour autant. Les préjugés ont la vie dure et les étudiants font de la résistance passive. Ils maugréent contre le « charlatanisme » et le travail superflu. « Pourquoi apprendre d'autres méthodes de diagnostic puisque l'on a un stéthoscope et bien d'autres examens complémentaires qui suffisent ? » grognent-ils.

Comme d'habitude, « leur esprit scientifique » ne veut pas croire aux médecines naturelles, qui semblent trop empiriques. Rien de surprenant dans tout cela. Par contre, ce qui est nouveau, c'est la situation que j'occupe. Cette fois, si je m'y prends bien, en tant que professeur j'ai la possibilité de convaincre. Je prépare donc spécialement les méthodes de cet apprentissage et choisis d'enseigner tout d'abord des notions simples et faciles à acquérir, mais qui n'en permettront pas moins en deux semaines de constater l'efficacité de ma discipline.

Cela se passe de la manière suivante : au départ, les élèves, organisés en groupes de dix, sont sceptiques et rechignent. Puis, très vite, dès que l'on passe aux applications et qu'ils constatent que « ça marche », qu'on peut interrompre une crise, que le diagnostic par acupuncture recoupe celui obtenu avec les techniques d'investigation modernes, leur opposition au nom de la raison et de la science se trouve ébranlée.

Je commence toujours par leur demander d'expérimenter mon enseignement sur eux-mêmes. Ils s'examinent mutuellement les pieds, le tronc, les oreilles. Dans chaque groupe, généralement, l'un des élèves sert, bien malgré lui, d'exemple vivant, attestant l'exactitude et la finesse de la médecine chinoise.

Cela n'empêche pas les réticences de se manifester. Je pense en particulier à une fille venue du Kurdistan qui se destine à la chirurgie. En général, les chirurgiens ou futurs chirurgiens sont particulièrement rétifs à ces méthodes. Ils connaissent bien l'anatomie et, comme ils n'ont jamais identifié les points d'acupuncture, ils les considèrent comme pure invention. Tenter d'ébranler de telles certitudes n'est pas simple.

Cette étudiante du Kurdistan me fait vite comprendre que « ces histoires » ne l'intéressent absolument pas. Pour montrer son dédain, elle arrive à chaque cours un peu plus en retard. Un jour, cependant, elle se présente dans un triste état. Pendant la nuit, elle a eu une crise d'asthme qui l'a beaucoup éprouvée et, d'ailleurs, elle se sent encore mal.

Je saisis l'occasion de passer à la pratique et j'explique à un élève comment masser les points d'urgence du méridien du poumon. Il s'exécute, mais sans effet. L'échec est patent. Malgré son malaise et le souffle toujours un peu court, l'étudiante commente :

— L'acupuncture, comme je l'ai toujours pensé, n'a aucune efficacité et j'ai bien raison de ne pas y croire.

C'est aller un peu trop vite. J'interroge mes étudiants :

— Avez-vous diagnostiqué la cause de cet asthme ?
Non, personne ne l'a fait.

Nous nous y attaquons et nous découvrons chez cette jeune femme un problème de reins. On lui masse alors le point de l'oreille correspondant. La crise cesse.

Le lendemain, elle arrive au cours non seulement à l'heure, mais chargée de fleurs. Durant la nuit, l'asthme a repris, mais, à l'aide d'une allumette, elle s'est elle-même massé le point de l'oreille et la crise a cessé. Nous examinons alors son cas plus finement et il apparaît qu'à l'occasion d'une bronchite récente elle a eu un petit œdème des bronches (rétention d'eau localisée) provoquant cet asthme et que les problèmes rénaux sont sans doute d'origine familiale, car son père avait souffert lui-même de calculs.

Cette expérience personnelle change complètement sa façon de voir puisque ensuite elle rejoindra le groupe d'études que j'encadre et se donnera pleinement à son travail.

Un soir, deux étudiantes me téléphonent, joyeuses et excitées. Rentrant chez elles en métro, elles ont été témoins d'un petit drame dans le wagon. Une jeune femme saignait abondamment du nez, provoquant émotion et affolement autour d'elle. Chacun y allait de son conseil, de ses bonnes vieilles recettes… ce qui n'empêchait pas le sang de continuer à couler. Mes étudiantes étaient alors intervenues et, en massant le point approprié, avaient interrompu ce saignement. Avec rien, c'est-à-dire seulement leurs dix doigts, elles étaient venues à bout d'un incident spectaculaire – dès que le sang coule, les passants sont impressionnés.

Avec fierté et amusement, elles me racontent que les badauds leur ont demandé quel était leur secret…

Pour elles, jeunes médecins, cet épisode a été extraordinairement valorisant. Il les avait convaincues qu'elles pouvaient faire quelque chose elles-mêmes, simplement et efficacement. L'un des objectifs de mon cours était atteint.

Elles ont, en effet, compris qu'elles avaient entre les mains d'autres moyens de soins et de diagnostic, utiles, simples et efficaces, et qu'ils n'étaient pas opposés à ceux habituellement mis en œuvre par la médecine classique, celle que les étudiants et les médecins apprennent et emploient quotidiennement.

Jamais je n'ai affirmé, en effet, qu'il fallait mettre la médecine classique à l'écart, qu'elle était inadaptée, voire nocive, et qu'il convenait de s'en défier. Certains adeptes des médecines différentes tiennent un tel langage, qui n'est pas le mien. Je n'envisage pas du tout l'enseignement et la diffusion de l'acupuncture et des massages chinois en termes de combat, d'exclusion, de mépris. Une telle attitude me paraît sottement réductrice.

Il n'est pas non plus question de renoncer à l'appui des médicaments et des traitements, car leur utilité n'est plus à démontrer. Mais, comme beaucoup d'autres praticiens, je suis très vigilante sur leur usage. Chaque produit a ses avantages et ses inconvénients, qu'il convient de bien moduler. L'acupuncture potentialise les effets des médicaments, donc favorise leur métabolisation par l'organisme. Ainsi peut-on diminuer les doses prescrites. Combiner intelligemment les deux médecines permet donc de diminuer les complications, d'améliorer l'état général du malade et de prévenir les atteintes.

Mais si, dans le domaine des soins, médecine classique et acupuncture s'éclairent et réunissent leurs points forts, dans le domaine du diagnostic les médecines douces témoignent de leurs qualités inégalables.

Coup de téléphone, un soir. Je dois me rendre immédiatement au chevet d'un général important.

Un quart d'heure plus tard, une grosse voiture noire avec sirène vient me prendre et, en quelques minutes, je me retrouve dans l'appartement de ce dignitaire du régime. Les pièces sont remplies de militaires et de médecins. Et ce n'est pas une infirmière qui lui prend sa tension, mais un professeur de médecine, excusez du peu…

Le général fait une crise d'hypertension et sa tension est montée à 22,5/12. Les médicaments n'ayant aucun effet, on a décidé de tenter l'acupuncture.

Autour de moi, je sens une attente angoissée. Je me trouve moi aussi dans une situation dont l'issue est incertaine : ou bien je peux soulager le patient… ou bien je peux dire adieu à mon avenir de médecin et bonjour, qui sait, à la Sibérie…

Le malade se trouve réellement dans une situation critique. Personne ne peut prédire la résistance de ses vaisseaux. Si la tension s'élève encore de un ou deux millimètres et que les vaisseaux du cerveau ne résistent pas, ce sera peut-être l'hémorragie cérébrale et l'apoplexie.

J'entame mon examen par acupuncture. Tous les systèmes de l'organisme, cœur, foie, reins, sont en état d'alarme et de surchauffe. Dans une situation extrême, l'organisme entier se lance dans la bataille et travaille à plein. Avec un stylo-bille, j'appuie sur les points du pavillon de l'oreille, les uns après les autres, tandis que le professeur de médecine mesure la tension.

Sur le point du foie, rien. Sur le point du rein, aucun effet. J'appuie sur celui du cœur, la tension monte encore de 0,5 millimètre. J'entends autour de moi un murmure apeuré. Enfin, au bout d'une interminable demi-heure, ayant presque perdu espoir, j'arrive au point correspondant au gros intestin. J'appuie et n'en crois pas mes yeux...

La tension baisse aussitôt de dix millimètres. Je recommence et, effectivement, le même phénomène se reproduit.

Je plante alors une aiguille dans le point du gros intestin situé dans l'oreille droite et la laisse une heure.

Au moment où je quitte le malade, sa tension s'est stabilisée à 17/10... et toutes les personnes présentes me saluent avec un grand respect.

Les jours suivants, je reviens traiter le méridien du gros intestin et un peu celui du péricarde. La crise prend fin, puis la tension se stabilise à l'aide des médicaments classiques à faibles doses. Un examen plus précis révélera une anomalie assez rare dans le développement du gros intestin.

Le général sera sauvé... il ne perdra pas la mémoire : trois années plus tard, me trouvant dans une situation grave, aux prises avec le KGB, je lui téléphonerai et il me sauvera la mise. C'est peut-être ce qu'on appelle la « reconnaissance du ventre »...

Si mon cours a du succès, s'il fait des adeptes dans le monde médical, une telle situation n'est pas sans danger : je vis dans un pays où une entreprise qui réussit fait des envieux et paraît suspecte.

Commence alors une période très noire.

Je suis approchée par le KGB, qui veut que je le « renseigne » sur le monde médical, proposition que je refuse évidemment. Aussitôt je me trouve surveillée, très ouvertement. Le but est de m'impressionner, voire de m'effrayer. Ce sont les vexations habituelles. À leur tour, mes amis sont contrôlés. On leur demande de présenter leur carte d'identité lorsqu'ils entrent dans mon immeuble. Mon téléphone est mis sur écoute.

Lorsque je publie un ouvrage sur l'acupuncture, je passe vingt-quatre heures dans les locaux du KGB, soumise à un interrogatoire serré. On veut savoir si je le vends au marché noir...

Ensuite, on décide de supprimer mon cours.

Je quitte donc l'institut où j'ai œuvré plusieurs années, travaille trois mois comme chercheur, puis rejoins un cabinet médical coopératif (la médecine libérale est interdite). Le travail ne manque pas, car il y a de cinquante à soixante malades par jour à la consultation. Naturellement, on essaie encore de m'en empêcher et le cabinet est sans cesse menacé de fermeture...

Fin 1990, un congrès mondial d'acupuncture se tient à Paris. J'y suis invitée, mais interdiction m'est évidemment signifiée d'y aller, et je suis de nouveau convoquée au KGB. C'est là qu'intervient mon ancien patient, le général. Intervention de poids : non seulement je suis libérée, mais j'obtiens un visa pour ce congrès.

À Paris, j'aurais évidemment la possibilité de demander l'asile politique, mais mon fils est resté à Leningrad. Je dois donc revenir au bercail, mais ma décision est prise : je quitterai ce pays, coûte que coûte.

Quelque temps plus tard, je réussis à obtenir une invitation à suivre un stage scientifique en France. Sans doute, dans l'esprit des agents de la sécurité, une personne protégée par une « huile » comme le général ne devrait pas songer une seule minute à abandonner son cher pays...

Aussitôt, avec mon mari et mon fils, nous entamons un périple compliqué sur lequel je ne tiens pas à fournir de détails, certains de ceux qui nous ont aidés vivant toujours en Russie...

Et c'est ainsi qu'on se retrouve... à Helsinki. Le KGB, présent à l'aéroport, tente de nous arrêter. Une de mes amies travaillant dans une ambassade en Finlande m'accompagne. Elle menace sans hésiter les agents du KGB :

— Si vous arrêtez cette famille, je téléphone à mon ambassade et je ferai un scandale qui révélera la vraie face de la perestroïka !

Hésitation chez les « gros bras », qui vont en référer à leurs chefs. À cette époque, présenter une bonne image de marque de l'URSS auprès des autres nations est capital, afin d'obtenir des aides économiques. Il faut donc que le pays se donne toutes les apparences d'une démocratie... Alors, créer toute une affaire à propos du départ de ce petit médecin encombrant n'offre vraiment aucun intérêt...

On nous lâche donc... mais on garde nos valises, comme si elles contenaient des secrets d'État. Mais je m'en moque bien !

Nous sommes maintenant en zone internationale. Je file vers une cabine téléphonique, appelle en France l'un de mes amis médecins.

— Vous m'aviez proposé de vous contacter si nécessaire, eh bien, j'ai un petit problème.

Petit, en effet.

Il m'aide à le résoudre.

Nous sommes tous trois arrivés en France en décembre 1990, bien sûr en ignorant comment nous pourrions subsister et sans posséder un mot de français.

Dans l'avion, j'avais pourtant décidé d'écrire mon premier poème dans cette langue.

Les premières années ont été difficiles.

Les diplômes obtenus en Russie n'étant pas reconnus, j'ai dû reprendre mes études à la base, me transformer de nouveau en étudiante.

Mais une foi renouvelée me guidait : pratiquer dans mon nouveau pays ce que j'avais appris en Russie, et ainsi mieux faire connaître ces disciplines et leurs applications.

Maintenant, je peux, avec une légitime fierté, faire figurer mon titre de docteur en médecine sur la plaque de l'immeuble où se trouve mon cabinet. J'occupe également la fonction de neurologue dans un service hospitalier.

Évidemment, tous les patients qui prennent rendez-vous avec le docteur Volf ne se doutent pas forcément qu'ils vont rencontrer un médecin d'un type un peu particulier...

Mais, par bonheur, jusqu'ici aucun ne s'en est plaint !

Soulager : urgences
et
maux quotidiens

Introduction

Cette première partie du livre vous expose comment appliquer les techniques de massage par digitopuncture dans deux circonstances : les situations d'urgence et les petits maux de la vie.

Les situations d'urgence

Il s'agit d'intervenir vite, de soulager, dans une situation difficile, en l'absence de tout médecin qu'on puisse joindre rapidement. Chacun peut se trouver soudain dans sa vie confronté à ce genre de circonstance. Il doit donc apprendre à soulager le malade, voire, dans les cas extrêmes, à lui sauver la vie. On agit donc prioritairement sur les symptômes, sans s'interroger sur les sources du mal. Ces massages des points d'acupuncture vous aident à faire face à l'urgence mais ne permettent en aucun cas de se passer d'un recours médical. Il est essentiel qu'un médecin examine rapidement le patient.

Les petits maux de la vie

Là, la situation est beaucoup moins grave, moins tendue – par exemple, si l'on a un mal de tête ou un lumbago.

Dans un premier temps, on interviendra sur les symptômes, de la même manière.

Mais une fois soulagé, on peut rechercher – et soigner – les causes plus profondes. En fait, dans la plupart des cas, elles seront connues si l'on s'est astreint à pratiquer régulièrement un check-up comme indiqué dans la partie « Prévenir : diagnostic et thérapie » : les points « sensibles » se sont en effet manifestés, il faut désormais les entretenir par des massages. Une recherche, en tout état de cause, ne sera jamais inutile, même si elle ne fait que confirmer ce qu'a déterminé le check-up.

Les principes de cette recherche sont les suivants :

Pour la médecine chinoise, il existe cinq « systèmes d'organes » dans le corps :

— poumons et gros intestin ;

— reins et vessie, comprenant l'utérus et les ovaires (on appelle cet ensemble, en médecine occidentale, le système uro-génital) ;

— foie-vésicule biliaire ;

— cœur et intestin grêle ;

— rate, pancréas et estomac.

Il existe deux méridiens (un yin et un yang) par système.

Pour toute atteinte, toute maladie, toute douleur, la médecine chinoise détermine lequel des cinq systèmes est en cause. Reprenons l'exemple du mal de tête : l'auscultation par acupuncture ou digitopuncture peut déterminer que ce mal provient du système foie-vésicule biliaire, du système reins et vessie, ou encore du système rate-pancréas. Cela varie avec les individus, les circonstances. Il n'y a qu'un seul système sur les cinq qui soit responsable d'un seul mal.

Je recommande donc à toute personne en proie à un des « petits maux de la vie » d'abord de rechercher un soulagement rapide par une intervention sur les symptômes, telle qu'elle est décrite dans les pages qui suivent, ensuite de pratiquer avec plus d'attention encore son check-up et ses massages d'entretien, en insistant évidemment sur les points d'organe en cause tels qu'ils sont décrits dans la partie « Prévenir : diagnostic et thérapie ». On masse donc les zones des pieds, les points des oreilles et les points Mu et Shu correspondant à l'organe en question.

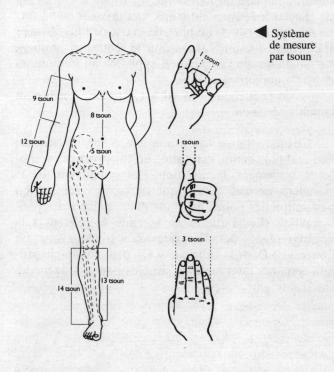

Système de mesure par tsoun

Chaque point correspond à un emplacement strictement déterminé. Pour trouver ces points, on a recours à un système de segments proportionnels, ou **tsoun**.

Un tsoun est la longueur interne de la deuxième phalange du majeur. Ce n'est donc pas une unité standard, comme un centimètre par exemple ; au contraire, elle varie selon les personnes.

Un tsoun correspond aussi à la largeur du pouce, trois tsoun à la largeur de 4 doigts rapprochés : index, majeur, annulaire et petit doigt.

Toutes les parties du corps sont divisées en un certain nombre de tsoun. Le bras, de la tête de l'humérus au pli du coude, mesure 9 tsoun. Sur le ventre, on mesure :

— du bas de l'appendice xyphoïde du sternum au centre du nombril : 8 tsoun.

— du centre du nombril à l'extrémité supérieure du pubis : 5 tsoun.

Chaque atteinte, qu'il s'agisse d'une urgence ou d'un mal plus bénin, est traitée en trois parties : symptômes, traitement, localisation. Les symptômes, on le constatera, ne sont décrits que de façon succincte. La localisation des points est immédiate, grâce à des photographies. (Les initiales en légende se réfèrent à la « cartographie » détaillée que vous trouverez en fin d'ouvrage.) Dans la rubrique « On peut aussi », je propose certaines interventions simples issues de la médecine naturelle.

Liste des maux traités

Les situations d'urgence

Convulsions

Symptômes :

• Une perte brutale de conscience, souvent accompagnée d'une chute.
• Le patient est agité de mouvements involontaires et de contractions musculaires.

Traitement :

• Les massages permettent d'interrompre la crise. On masse le malade dans n'importe quelle position.
• Pratiquer un massage stimulant par enfoncement de l'ongle des points concernés, trois à cinq fois de suite.

54

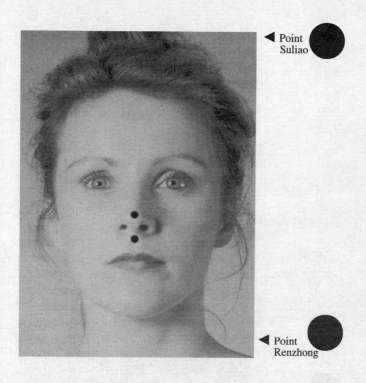

Point
Suliao

Point
Renzhong

Le point Suliao est situé
au milieu de la pointe du nez.

Le point Renzhong se trouve
à la base du nez, au milieu du sillon.

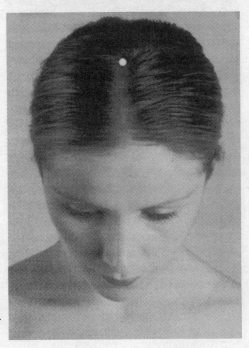

 Point ▶
Baihui

Il se trouve en haut de la tête,
au milieu de la ligne imaginaire
qui réunit les deux oreilles.

56

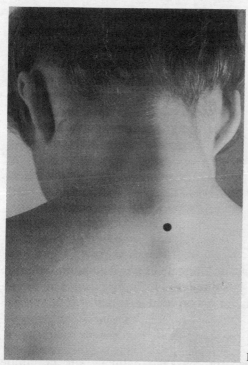

 ◀ Point
Dazhui

Il se situe entre la septième
vertèbre cervicale,
la grosse bosse à la base de la nuque,
et la première dorsale.

Crampes du mollet

Symptômes :

    • Une crispation brutale et très douloureuse dans le mollet, à la suite d'un effort physique, d'un refroidissement, ou encore durant la nuit.

Traitement :

    • Pratiquer un massage calmant sur la jambe douloureuse.

On peut aussi :

    • Prendre du calcium sous forme de fromage, de fromage blanc, de yaourt et de laitages, ainsi que du magnésium.

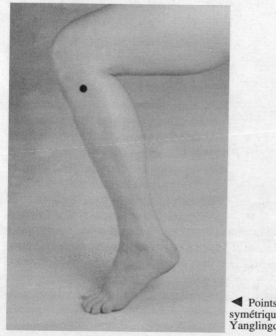

◀ Points
symétriques
Yanglingquan

Lorsqu'on est en position assise,
ils se situent dans le petit creux,
en bas et en avant de l'os fibula.

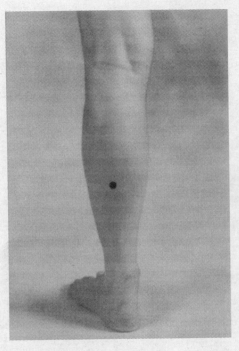

Points ▶
symétriques
Chengshan

Ils se situent au milieu d'une ligne imaginaire
qui divise le mollet depuis la cheville
jusqu'au pli du genou,
juste au point de division des deux muscles.

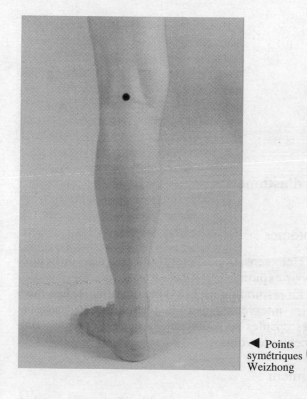

◀ Points
symétriques
Weizhong

Ils se placent au centre
du pli situé au creux du genou.

Crise d'asthme

Symptômes :

• Une sensation d'étouffement ; des difficultés pour expirer.
• La respiration est bruyante et sifflante. Les muscles intervenant dans la respiration se crispent : les épaules se soulèvent, la cage thoracique augmente de volume.

Traitement :

• Éloigner la cause possible de la crise (odeur trop forte par exemple) et conduire le patient à l'air frais. Le mettre en position assise ou couchée, de façon qu'il ait toujours la tête surélevée.

• Pratiquer un massage calmant des points concernés.

On peut aussi :

• Masser les zones contractées, dans la région située entre les omoplates et les épaules.
• Masser dans le pavillon de l'oreille et sur les plantes de pied les points de l'asthme, du rein et des poumons (voir partie « Prévenir : diagnostic et thérapie »).

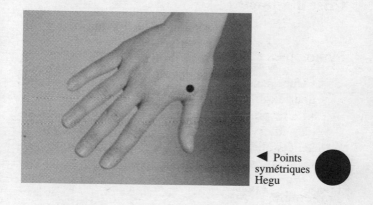

◀ Points symétriques Hegu

Les points se trouvent
au niveau du bout du pli du pouce,
dans la partie charnue,
côté index.

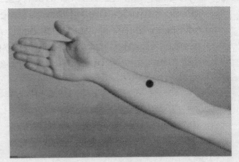

Points
symétriques
Kongzui ▶

Ils se situent sur l'avant-bras,
côté paume.
À partir du poignet,
sur le côté interne,
comptez sept tsoun
en allant vers le coude,
légèrement vers l'extérieur,
du côté du pouce.

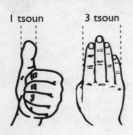
1 tsoun   3 tsoun

64

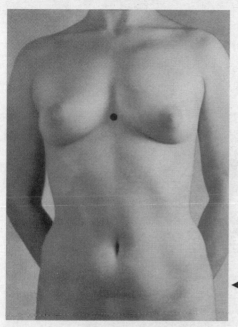

◀ Point
Shanzhong

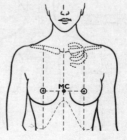

Il se trouve sur le sternum,
à mi-distance
entre les deux mamelons.

65

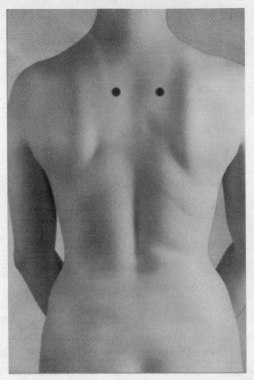

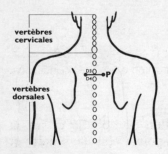

P Points ▶ Shu des poumons

vertèbres cervicales

vertèbres dorsales

D3
D4 •P

Ils se situent dans le dos, le long des deux lignes verticales de part et d'autre de la colonne vertébrale, entre la troisième et la quatrième vertèbre dorsale (D3-D4).

Crise de colique biliaire, douleurs dans la région de la vésicule biliaire

Symptômes :

> • Des douleurs brutales, fortes et violentes sur le côté droit et parfois jusque dans l'omoplate droite ; des sensations de lourdeur ; des nausées, des vomissements, un goût d'amertume dans la bouche.
>
> Ces maux courants n'ont généralement pas de conséquences graves. Il peut cependant arriver que de telles manifestations traduisent une atteinte plus sérieuse, qui réclame des soins rapides ou les conseils d'un médecin.

Traitement :

> • Allonger la personne sur le côté gauche, ou l'asseoir.
> • Pratiquer un massage calmant des points concernés.

On peut aussi :

> • Masser dans le pavillon de l'oreille et sur la plante du pied droit les points vésicule biliaire et

diaphragme (voir la partie « Prévenir : diagnostic et thérapie »).

• Masser les zones douloureuses, ou affectées par des contractures musculaires, dans la région des épaules et des omoplates.

• Faire des applications chaudes sur la partie droite du thorax.

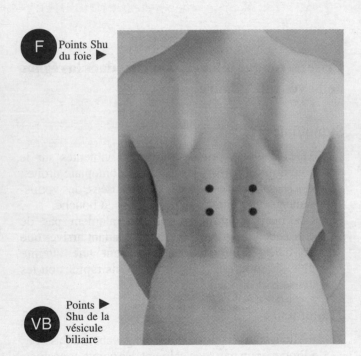

F Points Shu du foie ▶

Points ▶ VB Shu de la vésicule biliaire

Les points Shu du foie se situent le long des deux lignes verticales de part et d'autre de la colonne vertébrale, entre la neuvième et la dixième vertèbre dorsale (D9-D10).

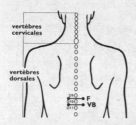

Les points Shu de la vésicule biliaire se situent le long des deux lignes verticales de part et d'autre de la colonne vertébrale, entre la dixième et la onzième vertèbre dorsale (D10-D11).

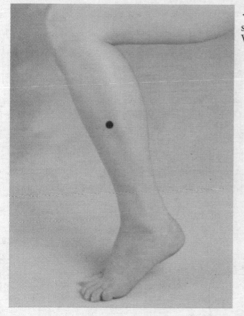

◀ Points symétriques Waiqiu

Lorsqu'on est en position assise, ces points se situent sur une ligne imaginaire reliant le bord inférieur de la rotule à la pointe de l'os de la malléole externe, au milieu, entre les muscles.

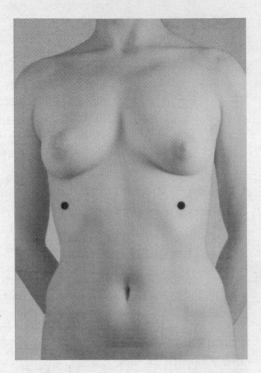

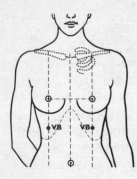

Points ▶
Mu de la
vésicule
biliaire

Ils se situent sur le ventre,
sur une ligne verticale passant
par les mamelons, dans l'espace
entre la septième et
la huitième côte.

Crise de colique néphrétique, douleurs du système urinaire

Symptômes :

• Une douleur brutale et intense dans le bas-ventre et le bas du dos, qui s'intensifie lors de la miction et s'étend dans la région de la vessie et des reins.

Traitement :

• Allonger la personne sur le côté.
• Pratiquer un massage calmant et un réchauffement des points concernés.

On peut aussi :

• Masser dans le pavillon de l'oreille et sur les plantes des pieds les points de la vessie, des reins et du plexus solaire (voir la partie « Prévenir : diagnostic et thérapie »).
• Faire des applications chaudes sur la région lombaire de la colonne vertébrale.
• Boire abondamment.

 **R** Points ▶ Shu des reins

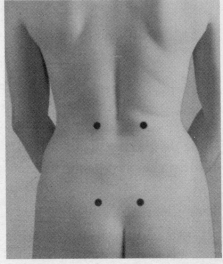

 **V** Points Shu ▶ de la vessie

Les points Shu des reins se situent le long des deux lignes verticales de part et d'autre de la colonne vertébrale, entre la deuxième et la troisième vertèbre lombaire (L2-L3).

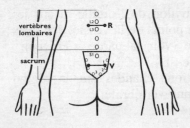

Les points Shu de la vessie se situent le long des deux lignes verticales de part et d'autre de la colonne vertébrale, à peu près au milieu du sacrum.

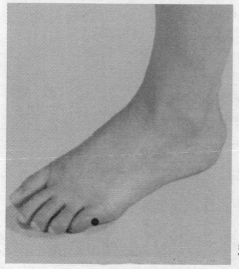

◀ Points
symétriques
Tonggu

Ils sont situés sur le bord
extérieur du pied,
dans une dépression
à la base du pli
de la première phalange
du petit orteil.

73

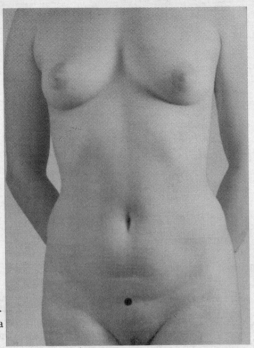

V Point ▶ Mu de la vessie

Il se trouve sur la ligne médiane du ventre, à un tsoun au-dessus de la symphyse pubienne (quatre tsoun au-dessous du nombril).

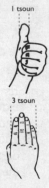

1 tsoun

3 tsoun

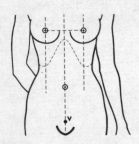

Crise de nausées, vomissements

Symptômes :

• Un mal au cœur.
• Des renvois aigres.
• Des vomissements.
• Il peut s'agir d'excès alimentaires, de maux de transport, de nausées de la grossesse ou de nausées liées aux effets de certains médicaments.

Traitement :

• Placer la personne assise ou couchée, la tête soulevée.
• Pratiquer un massage calmant des points concernés.

On peut aussi :

• Pratiquer un massage dans le pavillon de l'oreille et sur la plante des pieds des points du diaphragme, du plexus solaire, de l'estomac (voir la partie « Prévenir : diagnostic et thérapie »).

Dans les vomissements liés aux excès alimentaires, procédez à un lavage intensif de l'estomac en buvant deux litres d'eau et déclenchez le réflexe de vomissement en appuyant sur la base de la langue avec le doigt ou une cuillère. Après quoi, buvez du thé fort.

Au cours de la journée qui suit, observez une diète en buvant abondamment – deux litres de liquide. Ensuite, le régime est le même que celui prescrit pour les diarrhées et les infections digestives : prendre une infusion de camomille, menthe, feuilles de framboisier et de myrtillier, millepertuis.

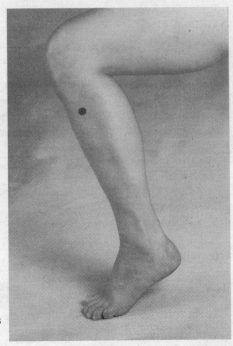

 Points ▶
symétriques
Zusanli

3 tsoun

En position assise, repérez le bord inférieur de la rotule puis descendez de trois tsoun. C'est à cette hauteur, à une largeur d'index vers l'extérieur du tibia, que se trouve le point.

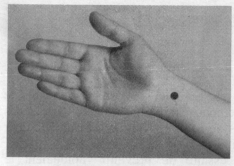

◄ Points symétriques Neiguan

1 tsoun

Ils sont situés sur le côté paume de l'avant-bras, à deux tsoun au-dessus du milieu du poignet.

Crise d'hypertension

Symptômes :

- Le visage est écarlate, on souffre de maux de tête. Énervement, excitation, colère. Parfois des saignements de nez ; éventuellement une douleur dans la région du cœur.
- Il est nécessaire de prévenir rapidement le médecin.

Traitement :

- Masser la personne assise ou couchée, mais la tête soulevée afin de faire descendre le sang vers les pieds.
- Pratiquer un massage calmant des points concernés.

On peut aussi :

- Prendre des bains chauds des bras et des jambes pour redistribuer le sang dans le bas du corps.

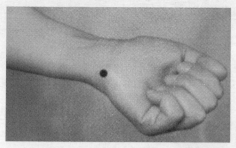

◀ Points symétriques Shenmen

Ils sont situés sur le poignet, côté paume,
à l'extrémité du pli qui se trouve le plus près
de la paume, du côté du petit doigt.

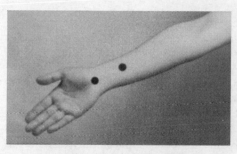

◀ Points symétriques Ximen

◀ Points symétriques Daling

Les points Ximen se situent sur
l'avant-bras, côté paume. À partir du
milieu du poignet, comptez cinq tsoun
en allant vers le coude.

Les points Daling sont situés au milieu
du pli du poignet, côté paume.
En passant le doigt, on sent un petit
creux entre les tendons.

Diarrhées aiguës

Symptômes :

• Un gonflement et des spasmes douloureux du ventre. Des selles liquides et fréquentes.
• Chez les enfants, la diarrhée peut avoir des conséquences graves. Consulter un médecin.

Traitement :

• Pratiquer un massage calmant des points concernés.
• Pratiquer un réchauffement des mêmes points et un réchauffement du nombril, ce qui est très efficace chez les enfants.

On peut aussi :

• Suivre un régime diététique à base d'eau de cuisson de riz, de bouillons sans graisse, de carottes et de biscottes le premier jour. Enrichissez-le progressivement avec des pommes cuites, de la viande et du poisson non gras cuits à l'eau, du fromage blanc, de l'omelette cuite à la vapeur, du riz et des flocons d'avoine à l'eau. À partir du troisième ou du quatrième jour, si votre état s'améliore, ajoutez du pain grillé, des gâteaux secs, des bouillons de viande ou de poisson dégraissé, des quenelles de viande ou de poisson maigre cuites à la vapeur, des boissons à base de yaourt, du beurre, des bouillies bien cuites, des légumes cuits à l'eau, des fruits mûrs sucrés, dans leur peau. Jusqu'à votre complet rétablissement, et dans la semaine qui suit la guérison, revenez progressivement à un régime normal, excluant toutefois les aliments susceptibles de renforcer la fermentation dans les voies digestives, les plats relevés et la friture.

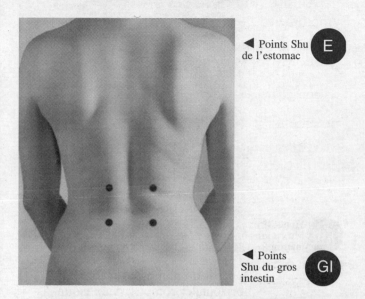

◀ Points Shu de l'estomac **E**

◀ Points Shu du gros intestin **GI**

Les points Shu de l'estomac se situent le long des deux lignes verticales de part et d'autre de la colonne vertébrale, entre la douzième vertèbre dorsale et la première vertèbre lombaire (D12-L1).

Les points Shu du gros intestin se situent le long des deux lignes verticales de part et d'autre de la colonne vertébrale, entre la quatrième et la cinquième vertèbre lombaire (L4-L5).

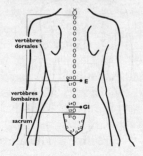

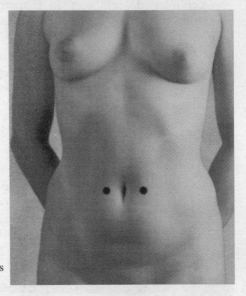

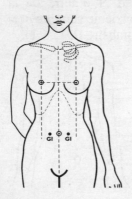

Points ▶
GI Mu du gros
intestin

À partir du nombril, sur une ligne
horizontale, comptez deux tsoun
d'un côté ou d'un autre.

1 tsoun

82

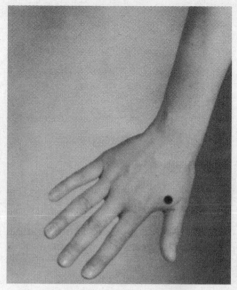

 ◀ Points
symétriques
Hegu

Les points se trouvent
au niveau du bout du pli du pouce,
dans la partie charnue, côté index.

Douleurs dans la région du cœur

Symptômes :

• Une contraction du côté gauche. Une douleur vive ou oppressante de ce côté, irradiant dans le bras vers le petit doigt.
• Consulter d'urgence un médecin.

Traitement :

• Pratiquer un massage calmant des points concernés.

On peut aussi :

• Les zones de ces derniers points sont souvent douloureuses. Dans la région de l'omoplate et des épaules on observe fréquemment des contractures musculaires locales, sensibles au toucher, « des grosseurs » de consistance cartilagineuse ; massez alors ces régions.
• Masser une ou deux minutes le point Shenmen du pavillon de l'oreille, les points du cœur, de la plante du pied gauche (voir la partie « Prévenir : diagnostic et thérapie »).

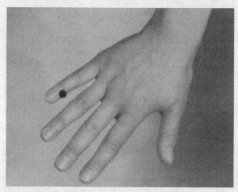

 ◄ Points
symétriques
Shaochong

Ils se trouvent dans l'angle intérieur
de l'ongle du petit doigt.

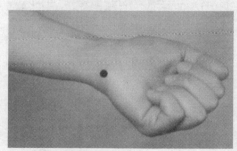

 ◄ Points
symétriques
Shenmen

Ils sont situés sur le poignet,
côté paume, à l'extrémité du pli
qui se trouve le plus près de la paume,
du côté du petit doigt.

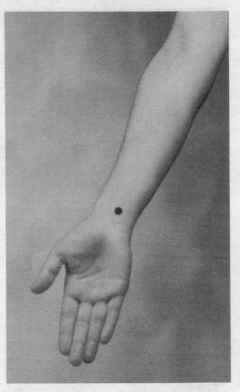

 Points ▶ symétriques Neiguan

I tsoun

Ils sont situés sur le côté paume de l'avant-bras, à deux tsoun au-dessus du milieu du poignet.

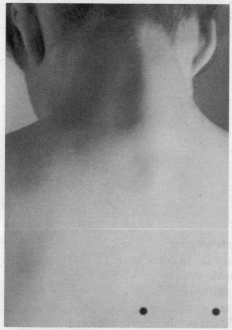

◀ Points
Shu du cœur

Ils se situent dans le dos, le long des deux lignes verticales de part et d'autre de la colonne vertébrale, entre la cinquième et la sixième vertèbre dorsale (D5-D6).

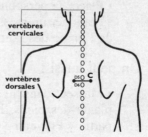

vertèbres cervicales

vertèbres dorsales

D5
D6
C

État de choc

Symptômes :

- Une douleur intense.
- Des troubles de la conscience.
- Des malaises.
- De la transpiration.
- De la pâleur.
- De l'excitation ou de la prostration.

Il se produit généralement à la suite d'un choc ou d'un traumatisme. Faire d'urgence appel au médecin.

Traitement :

- Placer la personne allongée.
- Pratiquer un massage stimulant par enfoncement de l'ongle des points concernés.

On peut aussi :

- Masser, dans le pavillon de l'oreille et sur la plante des pieds, le point des surrénales (voir la partie « Prévenir : diagnostic et thérapie »).

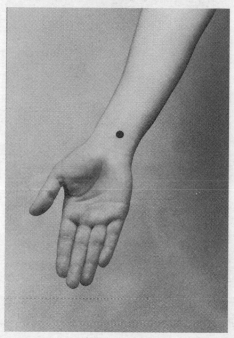

◀ Points
symétriques
Neiguan

I tsoun

Ils sont situés sur le côté paume
de l'avant-bras, à deux tsoun
au-dessus du milieu du poignet.

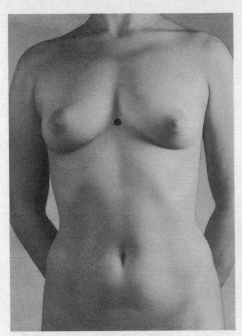

MC Point ▶ Shanzhong

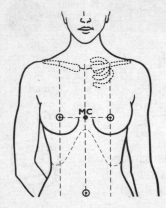

Il se trouve sur le sternum à mi-distance entre les deux mamelons.

90

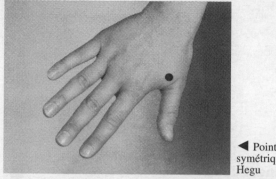

 ◀ Points
symétriques
Hegu

Les points se trouvent
au niveau du bout du pli du pouce,
dans la partie charnue, côté index.

Saignement de nez

Traitement :

    • Pratiquer un massage calmant particulier : maintenir le pouce fortement appuyé sur le point choisi.

On peut aussi :

    • Tamponner le nez avec un coton imbibé d'une solution très salée, ou appliquer des glaçons à la racine du nez.

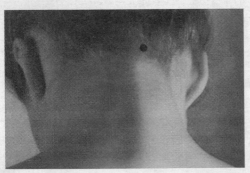

◄ Point Yamen

Ce point se trouve dans la dépression en dessous de l'os occipital, l'os protubérant séparant le crâne de la nuque.

Pour traiter ce point, poser les pouces sur le point et les autres doigts sur les tempes, en serrant ainsi la tête. Exercer une pression sur le point tout en ramenant en arrière la tête, qui vient ainsi se poser sur les pouces.

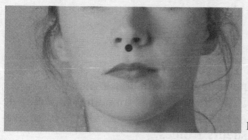

◄ Point Renzhong

Il se trouve à la base du nez, au milieu du sillon.

Syncope

Symptômes :

- Il y a une brève perte de conscience.
- Parfois, il n'y a pas totalement perte de conscience, mais des vertiges, de forts malaises, des sueurs froides.

Consulter rapidement le médecin.

Traitement :

- Placer le malade allongé, les jambes en l'air afin de faire revenir le sang à la tête.
- Pratiquer un massage stimulant par enfoncement de l'ongle des points concernés.

On peut aussi après le traitement :

- Donner du thé ou du café fort et sucré au malade dès qu'il reprend conscience.
- Améliorer son régime alimentaire. Les personnes qui ont facilement des syncopes et des chutes de

tension doivent s'alimenter régulièrement et fréquemment, quatre ou cinq fois par jour.

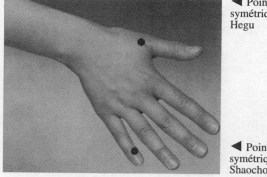

◀ Points
symétriques
Hegu

◀ Points
symétriques
Shaochong

Le point Hegu se situe au niveau du bout du pli du pouce, dans la partie charnue, côté index.

Le point Shaochong se trouve dans l'angle intérieur de l'ongle du petit doigt.

◀ Point
Renzhong

Il se trouve à la base du nez,
au milieu du sillon.

Troubles après une soirée bien arrosée

Symptômes :

- Vertiges, instabilité, perte d'équilibre, nausées, vomissements, baisse de la concentration.

Traitement :

- Allonger la personne sur le dos.
- Pratiquer un massage calmant des points concernés.

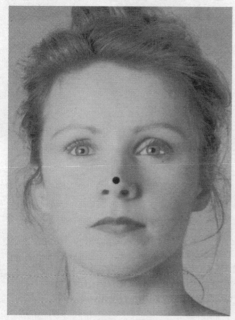

◀ Point
Suliao
de la pointe
du nez

Le point Suliao est situé au
milieu de la pointe du nez.

Pratiquer de petites pressions
avec l'extrémité de l'ongle.

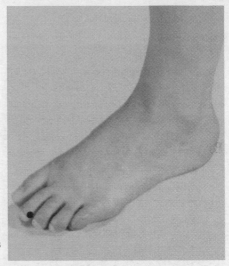

Points
symétriques
Li Dui ▶

Les points symétriques Li Dui
sont situés sur le bord inférieur
de l'ongle du deuxième orteil.

Les maux quotidiens

Bronchite, toux

Symptômes :

- Quintes de toux.
- Irritations.
- Difficultés à respirer.

Ces maux courants n'ont généralement pas de conséquences graves. Il se peut cependant qu'ils néccssitent des soins rapides ou les conseils d'un médecin.

Traitement :

Pratiquer un réchauffement des points concernés.

On peut aussi :

- Procéder à des inhalations à l'ail : faites bouillir l'eau, ajouter de l'ail finement haché, de la camomille, du miel et de l'eucalyptus, puis inhalez.

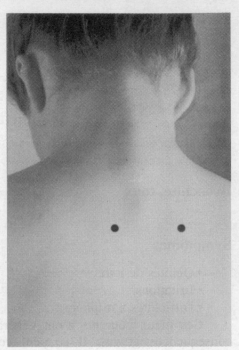

Points ▶
symétriques
Dazhu

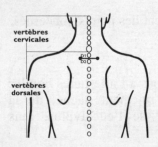

On les localise à l'intersection de la première ligne latérale du dos et de la ligne horizontale passant par l'intervalle entre la première et la deuxième vertèbre dorsale (D1-D2).

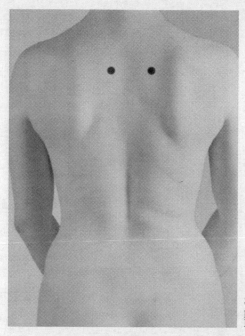

◀ Points Shu des poumons Feishu

P

Ils se situent dans le dos, le long des deux lignes verticales de part et d'autre de la colonne vertébrale, entre la troisième et la quatrième vertèbre dorsale (D3-D4).

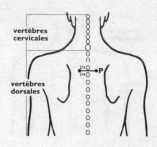

vertèbres cervicales

vertèbres dorsales

D3
D4

P

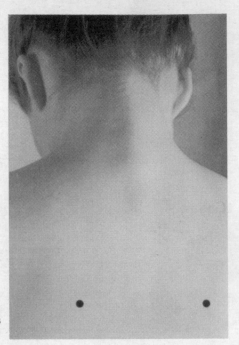

Points ▶
symétriques
Gao Huang

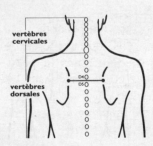

vertèbres
cervicales

vertèbres
dorsales

D4
D5

Ils se situent dans l'intervalle
entre la quatrième
et la cinquième vertèbre
dorsale (D4-D5),
comme les points du maître
du cœur (MC), mais
ils sont plus éloignés
des vertèbres et on les trouve
près du bord des omoplates.

Coliques, ballonnements, gaz

Traitement :

- Pratiquer un massage calmant et un réchauffement, plus efficace, des points concernés.
- Pour les enfants, le massage et le réchauffement doivent durer environ une minute.

On peut aussi :

Pour les enfants :
- Bercer le bébé sur le ventre.
- Masser le ventre avec une serviette chaude.
- Si le bébé a un mois et plus, une cuillerée de purée de pommes cuites au four, sans la peau, permettra d'absorber les gaz et de normaliser les selles.

On procédera de la même manière en cas de constipation du nourrisson.

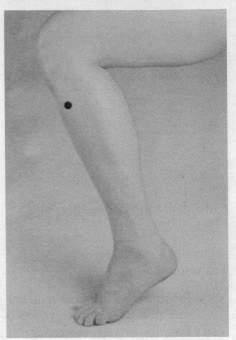

Points ▶
symétriques
Zusanli

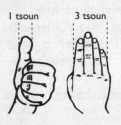

En position assise,
repérez le bord inférieur
de la rotule
puis descendez de trois tsoun.
C'est à cette hauteur,
à une largeur
d'index vers l'extérieur du tibia,
que se trouvent
les points symétriques.

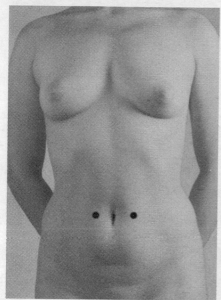

◄ Points Mu
du gros intestin **GI**

À partir de l'ombilic,
sur une ligne horizontale,
comptez deux tsoun
d'un côté ou d'un autre.

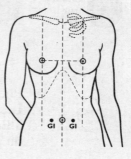

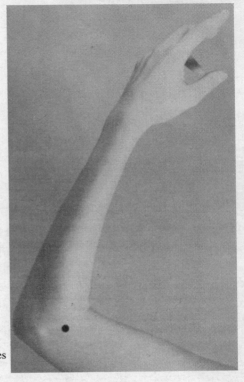

Points ▶
symétriques
Quchi

Pliez le bras au maximum.
Les points se situent juste
à l'extrémité extérieure
du pli du coude.

Douleurs dans les articulations

Ce sont les :

Symptômes :

• Des crispations ou des élancements à l'épaule, au genou, au coude.

Traitement :

• Masser ou réchauffer les points du côté douloureux.

Douleurs dans les épaules

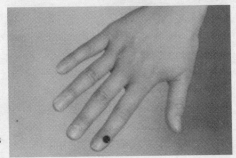

 Points ▶
symétriques
Shangyang

Ils se trouvent à l'angle extérieur
de l'ongle de l'index.

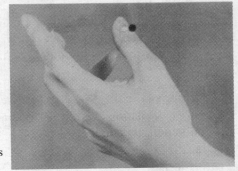

 Points ▶
symétriques
Shaoshang

Ils sont situés sur l'angle extérieur
de l'ongle du pouce.

Douleurs dans les coudes

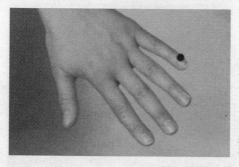

◀ Points
symétriques
Shaoze

On les localise sur l'angle extérieur
de l'ongle du petit doigt.

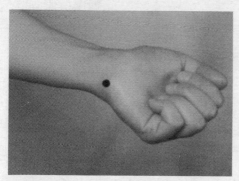

◀ Points
symétriques
Shenmen

Ils sont situés sur le poignet, côté paume,
à l'extrémité du pli qui se trouve le plus près
de la paume, du côté du petit doigt.

Douleurs dans les genoux

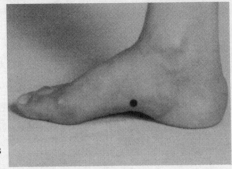

Points ▶
symétriques
Rangu

Ils se trouvent sur le bord intérieur
du pied, au niveau le plus haut
de la voûte plantaire.

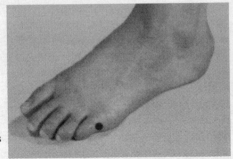

Points ▶
symétriques
Tonggu

Ils sont situés sur le bord extérieur
du pied, dans une dépression à la base
du pli de la première phalange
du petit orteil.

Douleurs du pancréas

Symptômes :

• Une douleur brutale dans le côté gauche, souvent à la suite d'un excès alimentaire. C'est une douleur enveloppante qui s'étend vers le dos et l'omoplate.

• Des ballonnements et des vomissements.

Traitement :

• Allonger la personne sur le côté droit.

• Pratiquer un massage calmant des points concernés.

On peut aussi :

• Masser les points du pancréas et du plexus solaire dans le pavillon de l'oreille et sur la plante du pied (voir la partie « Prévenir : diagnostic et thérapie »).

D Points ▶
Shu du
diaphragm

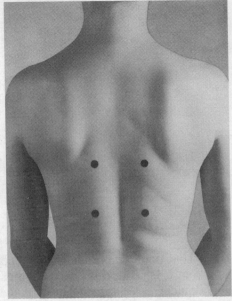

RP Points ▶
Shu de
la rate-
pancréas

Les points Shu du diaphragme se situent le long
des deux lignes verticales de part et d'autre de la
colonne vertébrale, entre la septième et la huitième
vertèbre dorsale (D7-D8).

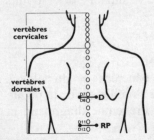

vertèbres
cervicales

vertèbres
dorsales

D7
D8 ● D

D11
D12 ● RP

Les points Shu de la
rate-pancréas se trouvent
le long des deux lignes
verticales de part et d'autre
de la colonne vertébrale,
entre la onzième et
la douzième vertèbre dorsale
(D11-D12).

112

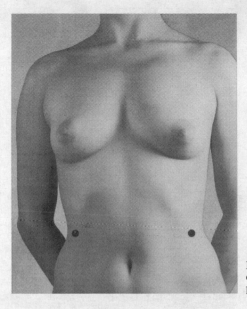

◀ Points
Mu
de la rate-
pancréas

On les trouve sous l'extrémité
de la onzième côte.

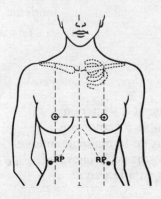

113

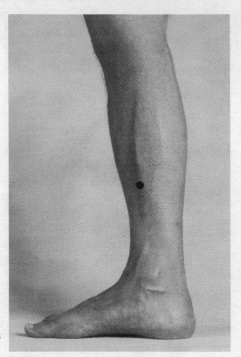

Points ▶
symétriques
Diji

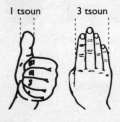

I tsoun   3 tsoun

Ils se situent à l'intérieur
de la jambe, à sept tsoun
au-dessus de la malléole interne
(l'os qui sort de la cheville)
en allant vers le genou.

Énervement, stress

Traitement :

   • Pratiquer un massage calmant ou un réchauffement, plus efficace, des points concernés.

On peut aussi :

   • Prendre des bains tièdes additionnés d'aiguilles
de pin.
   • Prendre des infusions de plantes – menthe,
muguet, origan – préparées à raison d'une cuillère
à café de chaque plante dans un demi-litre d'eau.
   • Améliorer son régime alimentaire en évitant les
excès de table et les excitants – épices, café, boissons alcoolisées.

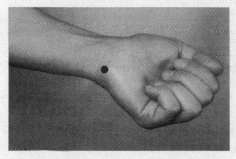

 ◀ Points
symétriques
Shenmen

Ils sont situés sur le poignet,
côté paume, à l'extrémité du pli
qui se trouve le plus près de la paume,
du côté du petit doigt.

Fatigue, convalescence, fragilité devant les infections

Symptômes :

- De la fatigue et un manque de tonus.
- Un manque d'appétit.
- Une sensibilité particulière aux infections.

Traitement :

- Pratiquer un réchauffement des points concernés pendant trois à cinq minutes.

On peut aussi :

- Prendre des infusions d'aloès, d'églantier ou de ginseng.

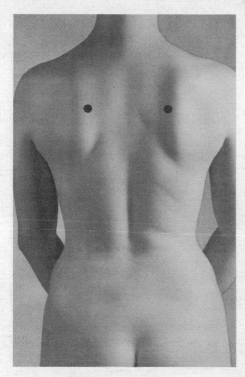

◀ Points
symétriques
Gao Huang

Ils se situent dans l'intervalle
entre la quatrième
et la cinquième vertèbre
dorsale (D4-D5),
comme les points du maître
du cœur, mais plus près
du bord des omoplates.

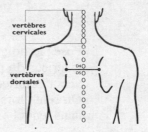

vertèbres
cervicales

vertèbres
dorsales

D4
D5

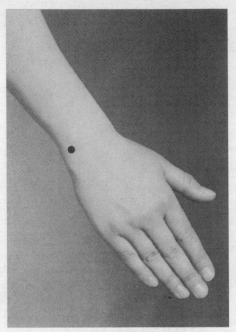

Points ▶
symétriques
Yanglao

Posez le doigt sur le gros os placé sur le côté
extérieur du poignet et pivotez lentement
vers l'extérieur en gardant le doigt sur cet os.
On sent alors distinctement un creux,
dans lequel est situé le point.

Fièvre

Symptômes :

- Des frissons.
- De la transpiration.
- Une alternance de chaleur et de froid.
- Une montée de température.

Traitement :

- Pratiquer un massage calmant des points concernés.

On peut aussi :

- Appliquer des compresses froides aux poignets, aux plis des aisselles ou de l'aine, sur le passage des gros vaisseaux sanguins.

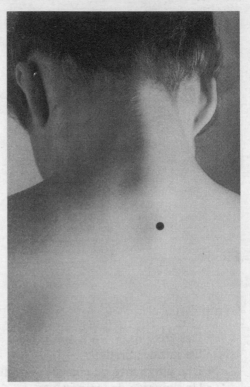

 Point ▶
Dazhui

Il se situe entre la septième vertèbre
cervicale, la grosse bosse à la base
de la nuque, et la première dorsale
(C7-D1), placée directement en dessous.

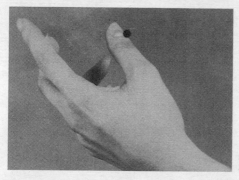

◀ Points
symétriques
Shaoshang

Ils sont situés sur l'angle extérieur
de l'ongle du pouce.

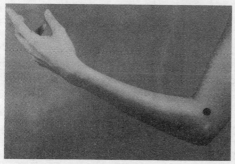

Points
symétriques
Quchi

Pliez le bras au maximum.
Le point se situe juste
à l'extrémité extérieure
du pli du coude.

Glaucome,
douleurs dans les yeux

Symptômes :

    • Une douleur vive, extrême dans les globes oculaires, les paupières supérieures, la région du front.

Traitement :

    • Pratiquer un massage calmant des points concernés.

On peut aussi :

    • Réchauffer les pieds.
    • Faire uriner le malade.
    • Supprimer café et boissons alcoolisées.

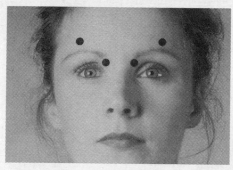

◄ Points
symétriques
Yangbai

◄ Points
symétriques
Jingming

I tsoun

Les points Yangbai se localisent
un tsoun au-dessus du milieu du sourcil.

Les points Jinming se situent dans le coin
de l'œil près du nez, juste au-dessus
de la bosse que forme la glande lacrymale.

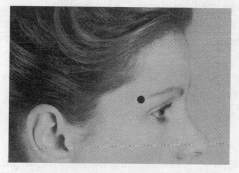

◄ Points
symétriques
Sizhukong

Ils se trouvent à l'extrémité
extérieure des sourcils.

Hoquet

Symptômes :

• Un hoquet prolongé qui peut se produire après un stress, une opération.
• Si un tel malaise persiste ou se répète fréquemment, un avis médical devient nécessaire.

Traitement :

• Placer le patient assis.
• Pratiquer un massage calmant.

On peut aussi :

• Masser, dans le pavillon de l'oreille et sur la plante des pieds, les points du diaphragme, du tronc cérébral et Shenmen (voir la partie « Prévenir : diagnostic et thérapie »).

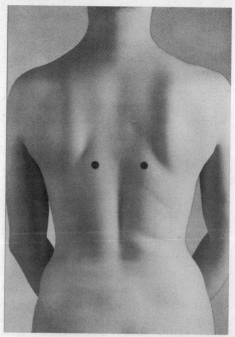

 ◀ Points
Shu du
diaphragme

Ils se situent dans le dos, le long des deux lignes
verticales de part et d'autre de la colonne
vertébrale, entre la septième et la huitième vertèbre
dorsale (D7-D8).

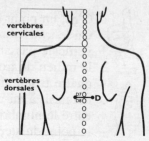

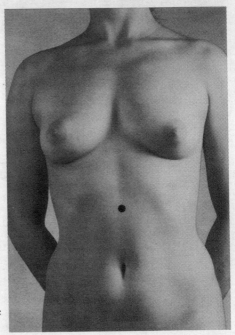

E Point Mu ▶
de l'estomac
Zhongwan

C'est un point unique.
On le trouve sur une ligne
verticale passant par
le milieu du tronc,
quatre tsoun au-dessus du
nombril, à mi-distance
entre le nombril et
le point du sternum.

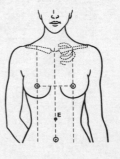

126

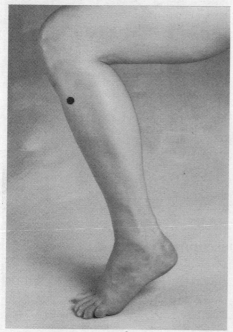

◀ Points
symétriques
Zusanli

En position assise, repérez
le bord inférieur de la rotule
puis descendez de trois tsoun.
C'est à cette hauteur,
à une largeur d'index
vers l'extérieur du tibia,
que se trouve le point.

3 tsoun

Impuissance masculine,
panne sexuelle

Traitement :

> • Allonger la personne sur le ventre ou sur le dos.
> • Pratiquer un massage stimulant ou un réchauffement, plus efficace, des points concernés.

On peut aussi :

> • Pratiquer une gymnastique des muscles du diaphragme jusqu'au bassin : rentrez l'anus en inspirant, relâchez-le en expirant.
> • Améliorer son régime alimentaire en choisissant des aliments ayant un effet excitant : bouillons de viande, viandes, café noir, poivre, épices, oignons, miel, noix, citron, jaune d'œuf.

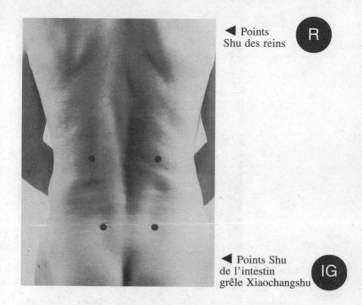

◀ Points
Shu des reins

R

◀ Points Shu
de l'intestin
grêle Xiaochangshu

IG

Les points Shu des reins se situent
le long des deux lignes verticales
de part et d'autre de la colonne vertébrale,
entre la deuxième et la troisième vertèbre
lombaire (L2-L3).

Les points Shu de l'intestin
grêle se trouvent au niveau
de l'intervalle entre
la première et la deuxième
vertèbre sacrée, au-dessous
du bord supérieur
du sacrum.

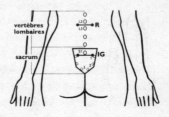

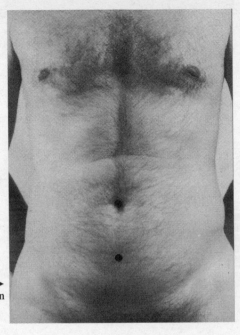

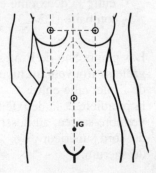

IG Point Mu ▶ de l'intestin grêle Guanyvan

On trouve ce point unique sur une ligne verticale passant par le nombril, à trois tsoun au-dessous de nombril.

3 tsoun

IG

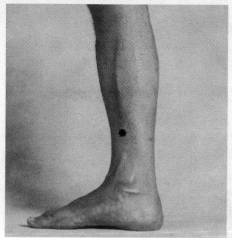

 Points symétriques Sanyingjiao

3 tsoun

Ils se situent à l'intérieur de la jambe, à trois tsoun au-dessus de la malléole interne (l'os qui sort de la cheville) en allant vers le genou.

Insomnie,
trouble du sommeil
chez l'adulte et l'enfant

Symptômes :

- Des difficultés à l'endormissement.
- Des réveils nocturnes.
- Un sommeil agité.

Traitement :

- Allonger la personne sur le dos.
- Pratiquer un massage calmant ou un réchauffement, plus efficace, des points concernés.

On peut aussi :

- Bien aérer la chambre.
- Faire une promenade avant le coucher.
- Prendre deux fois par jour un verre de tisane de fleurs de houblon : ébouillantez deux cuillères à café de fleurs avec 25 cl d'eau, infusez dix minutes.
- Préparer une légère tisane de valériane ou d'aubépine (un quart de cuillère à café de chacune dans un demi-litre d'eau bouillante, laissez refroidir, filtrez). Prendre 50 à 100 ml de cette tisane le soir.

Avant le coucher :

- Prendre des bains tièdes d'une durée de quinze minutes.
- Respirer uniquement avec la narine gauche pendant cinq à dix minutes, la narine droite fermée.

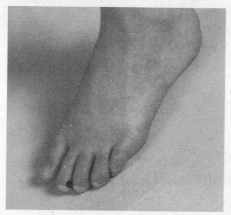

◀ Points
symétriques
Lidui

Ils se situent sur le pied, à l'angle externe
de l'ongle du deuxième orteil.

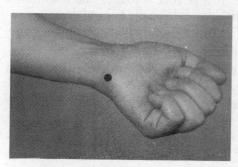

◀ Points
symétriques
Shenmen

Ils sont situés sur le poignet, côté paume,
à l'extrémité du pli qui se trouve le plus près
de la paume, du côté du petit doigt.

Laryngite avec difficultés à respirer

Symptômes :

- Une sensation d'étouffement liée à des difficultés d'inspiration.
- Une affection respiratoire préexistante.
- L'enfant de moins de cinq ans est le plus souvent touché. Il a la voix enrouée, une respiration sonore et sifflante et les narines gonflées.

Traitement :

- Placer le malade assis, la tête soulevée face au masseur.
- Pratiquer un massage calmant des points concernés.

On peut aussi :

- Masser, dans le pavillon de l'oreille et sur la plante des pieds, les points des surrénales, du larynx, du rein, des poumons (voir la partie « Prévenir : diagnostic et thérapie »).
- Humidifier l'air.

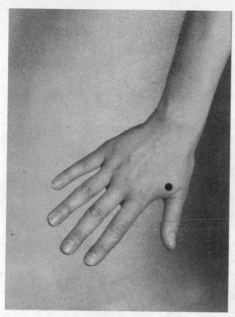

Points Shu
symétriques
◀ Hegu

Les points se trouvent au niveau
du bout du pli du pouce,
dans la partie charnue, côté index.

Point ▶
Tiantu

Il est situé dans le creux placé
au milieu de la base du cou.

136

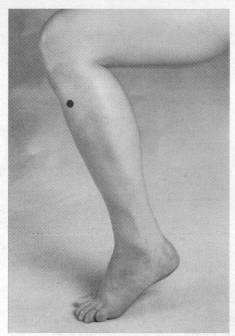

 Points symétriques Zusanli

En position assise, repérez le bord inférieur de la rotule puis descendez de trois tsoun. C'est à cette hauteur, à une largeur d'index vers l'extérieur du tibia, que se trouve le point.

3 tsoun

Lumbago, sciatique

Symptômes :

- Une vive douleur dans les reins ou le long de la jambe qui gêne pour les mouvements et la marche.
- Si un tel malaise persiste ou se répète fréquemment, un avis médical devient nécessaire.

Traitement :

- Allonger le patient sur le ventre.
- Pratiquer un massage calmant et un réchauffement, plus efficace, des points concernés.

On peut aussi :

Si, après un effort physique ou un refroidissement, la douleur augmente :

- poser un cataplasme à l'argile ou au poivre ou une bouillotte dans la région lombaire.

Si la douleur s'accentue après le sommeil ou un changement de position :
• faire des bains pour les pieds et les mains, afin d'obtenir une meilleure circulation du sang ;
• prendre une tisane diurétique, par exemple de queues de cerise, quatre fois par jour ;
• améliorer son régime alimentaire en supprimant le café, le chocolat, les boissons alcoolisées, les bouillons de viande ; réduire nettement le sel.

Points ▶
symétriques
Yanglingquan

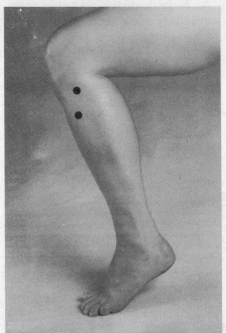

Points ▶
symétriques
Zusanli

3 tsoun

Lorsqu'on est en position assise,
les points Yanglingquan se situent
dans le petit creux, en bas et en avant
de la tête de l'os fibula.

En position assise, repérez le bord
inférieur de la rotule puis descendez
de trois tsoun. C'est à cette hauteur,
à une largeur d'index vers l'extérieur
du tibia, que se trouve le point Zusanli.

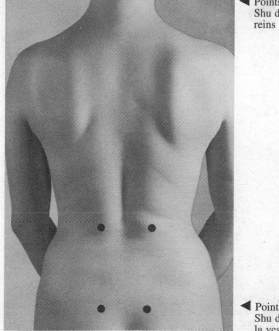

◀ Points
Shu des
reins

◀ Points
Shu de
la vessie

Les points Shu des reins se situent le
long des deux lignes verticales de part
et d'autre de la colonne vertébrale, entre
la deuxième et la troisième vertèbre
lombaire (L2-L3).

Les points Shu de la vessie
se situent le long des deux
lignes verticales de part et
d'autre de la colonne vertébrale,
à peu près au milieu du sacrum.

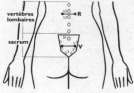

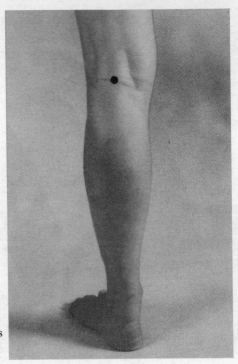

Points ▶
symétriques
Weizhong

Ils se placent au centre
du pli situé au creux du genou.

Maux d'estomac

Symptômes :

- Des brûlures et des douleurs au creux de l'estomac.
- Une digestion difficile.
- Parfois des nausées et des vomissements.

Traitement :

- Allonger le patient sur le dos.
- Pratiquer un massage calmant des points concernés.

On peut aussi :

- Pratiquer des massages des zones du dos très sensibles où l'on observe des contractures musculaires.
- Masser, dans le pavillon de l'oreille et sur les plantes de pied, les points du diaphragme, du plexus solaire, de l'estomac (voir la partie « Prévenir : diagnostic et thérapie »).

• Améliorer son régime alimentaire, surtout en cas de gastrite, et l'adapter en tenant compte des sécrétions de l'estomac.

Dans les gastrites aiguës, seules les boissons tièdes – 1,5 à 2 litres par jour – sont autorisées les deux premiers jours. Dans les deux ou trois jours qui suivent, choisissez un régime inoffensif d'un point de vue chimique, mécanique et thermique : flocons d'avoine ou riz ; bœuf, veau, poulet ou poisson cuits à l'eau et passés au mixer ; lait, omelette à la vapeur ou œuf à la coque ; thé léger. Excluez pain frais, dérivés du lait caillé, légumes, salades, fruits crus et sauces.

Alimentez-vous six à sept fois par jour, en petites quantités. Les jours suivants, si la crise est enrayée, enrichissez progressivement votre régime avec des biscottes, du pain grillé, de la purée de légumes, du beurre, de la crème, des bouillons légers.

En cas de baisse des sécrétions de l'estomac, prenez, au contraire, une alimentation qui les stimule : bouillons, décoctions de champignons et de légumes, fritures, sauces de viandes, de poissons, de tomates ; épices, pain de seigle, yaourts et laitages ; café noir, boissons gazeuses.

En cas d'augmentation d'acidité de l'estomac, tous les aliments ci-dessus sont à bannir. Prenez des plats excitant faiblement les sécrétions : viande ou poisson bouillis ou mixés ; purée de légumes ; lait entier, crème ; omelettes cuites à la vapeur ou œufs à la coque ; bouillies liquides au lait ; gelées de fruits, mousses ; thé léger au lait, eaux minérales alcalines non gazeuses.

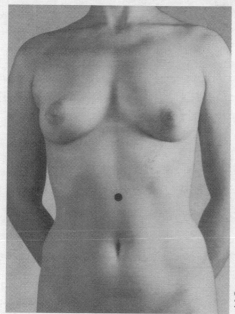

◄ Point Mu
de l'estomac
Zhongwan

I tsoun

3 tsoun

C'est un point unique.
On le trouve sur
une ligne verticale
passant par le milieu
du tronc, quatre tsoun
au-dessus du nombril,
à mi-distance entre
le nombril et le point
du sternum.

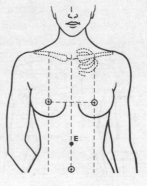

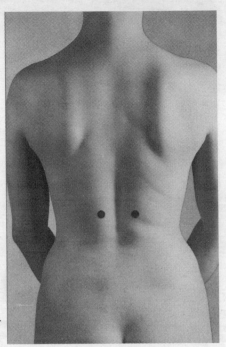

Points Shu ▶
de l'estomac

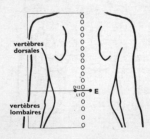

Ils se situent dans le dos,
le long des deux lignes
verticales de part
et d'autre de la colonne
vertébrale, entre la douzième
vertèbre dorsale
et la première vertèbre
lombaire (D12-L1).

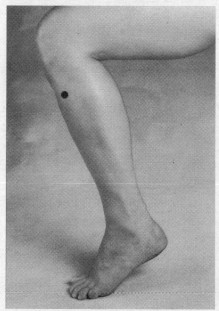

 ◀ Points
symétriques
Zusanli

En position assise, repérez
le bord inférieur de la rotule puis
descendez de trois tsoun. C'est
à cette hauteur, à une largeur
d'index vers l'extérieur du tibia,
que se trouve le point.

3 tsoun

Maux de tête

Symptômes :

• Des douleurs vives ou lancinantes dans le crâne ou certaines parties de la tête.

Traitement :

• Il convient de déterminer la cause essentielle qui les a provoqués et d'agir sur les points correspondant à l'organe incriminé. Faites votre check-up et massez les points de l'oreille, des plantes des pieds et les points Shu et Mu des organes révélés (voir la partie « Prévenir : diagnostic et thérapie »). Néanmoins, pour supprimer les symptômes :
• Pratiquer un massage calmant des points concernés.

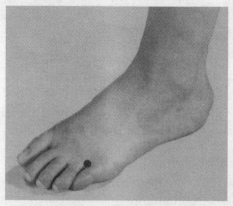

 ◀ Points
symétriques
Xiaxi

Ils se trouvent au bout du pli
séparant le quatrième orteil
du petit orteil.

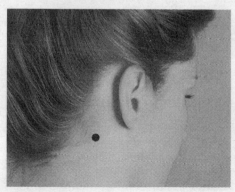

 ◀ Points
symétriques
Fengchi

Ils se situent dans un dépression,
juste derrière l'os de l'oreille.

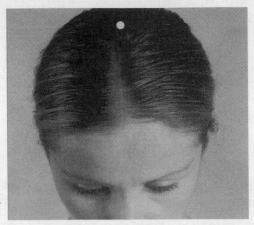

 Point ▶ Baihui

Il se trouve en haut de la tête,
au milieu de la ligne imaginaire
qui réunit les deux oreilles.

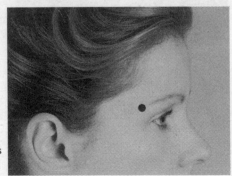

 Points ▶
symétriques
Sizhukong

Ils se trouvent à l'extrémité
extérieure des sourcils.

150

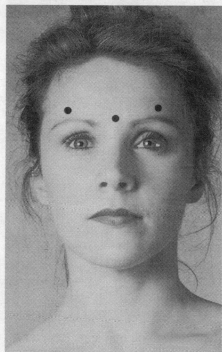

◀ Points
symétriques
Yangbai

◀ Point
Yintang

Les points Yangbai se localisent
un tsoun au-dessus
du milieu du sourcil.

Le point Yintang se situe
au milieu de la ligne
qui réunit les sourcils.

1 tsoun

Rhume, rhume allergique, rhino-pharyngite

Symptômes :

- Le nez est bouché ou coulant.
- Les yeux pleurent.

Traitement :

- Placer le patient en face du masseur. Répéter les massages toutes les deux heures car l'effet est de courte durée.
- Pratiquer un massage calmant ou un réchauffement, plus efficace, des points concernés.

On peut aussi :

- Pour la rhino-pharyngite, procéder à des inhalations de décoctions de feuilles d'eucalyptus, de sauge, de sarriette, de bourgeons de pin.
- Pour le rhume allergique, se bassiner le visage en alternant eau chaude et eau froide.

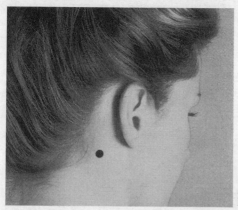

◀ Points
symétriques
Hegu

Ils se situent dans une dépression
juste derrière l'os de l'oreille.

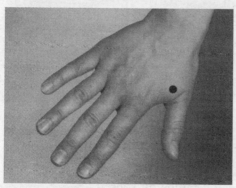

◀ Points
symétriques
Fengchi

Les points se trouvent au niveau
du bout du pli du pouce, dans la partie
charnue, côté index.

 Points ▶ symétriques Yangbai

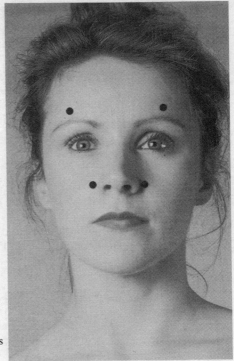

 Points ▶ symétriques Yingxiang

I tsoun

Les points Yangbai se localisent
un tsoun au-dessus
du milieu du sourcil.

Les points Yingxiang
se situent à la base
du milieu des ailes du nez.

154

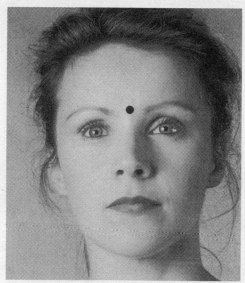

 Point
Yingtang

Il se trouve au milieu
de la ligne qui réunit les sourcils.

Spasmes du tube digestif

Symptôme :

• Une boule dans la gorge empêchant d'avaler la nourriture.

Traitement :

• Pratiquer un massage calmant ou un réchauffement des points concernés.

On peut aussi :

• Masser, dans le pavillon de l'oreille et les plantes des pieds, les points du plexus solaire et Shenmen (voir la partie « Prévenir : diagnostic et thérapie »).
• Prendre de quinze à vingt gouttes d'alcool de menthe dans de l'eau.
• La nourriture doit être tiède et liquide et prise fréquemment en petites quantités.

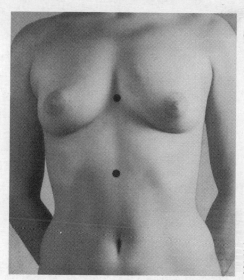

◀ Point
Shanzhong **MC**

◀ Point
Mu de
l'estomac
Zhongwan **E**

Le point Shanzhong
se trouve sur le sternum,
à mi-distance entre les deux mamelons.

1 tsoun

3 tsoun

Le point Mu de l'estomac
est un point unique.
On le localise sur
une ligne verticale
passant par le nombril,
quatre tsoun au-dessus
du nombril,
à mi-distance entre
le nombril et le point
du sternum.

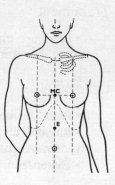

Torticolis

Symptômes :

  • Des douleurs à la nuque.
  • De la gêne dans les mouvements.

Traitement :

  • Pratiquer un massage calmant ou un réchauffement des points concernés.

On peut aussi :

  • Faire des bains chauds des mains.
  • Prendre du thé fort et sucré et parfois, si cela
  n'entraîne pas des migraines, du chocolat.
  • Éviter les plats trop excitants.

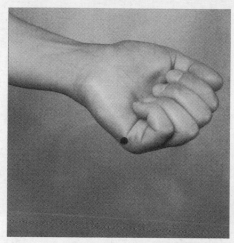

◀ Points
symétriques
Houxi

Ils se situent au bout du pli
du poing, du côté du petit doigt.

Troubles spécifiques de la femme

Ce sont :

Les règles douloureuses

Symptômes :

- Des douleurs.
- Des crampes.
- Des tensions dans le bas-ventre pendant les premiers jours des règles.

Traitement :

- Allonger la personne sur le ventre.
- Pratiquer un massage calmant ou un réchauffement, plus efficace, des points concernés.

160

On peut aussi :

- Masser, dans le pavillon de l'oreille et sur la plante des pieds, les points des ovaires, de l'utérus, Shenmen (voir la partie « Prévenir : diagnostic et thérapie »).
- Faire des applications chaudes sur la région lombaire et le sacrum, la plante des pieds.
- Prendre des infusions de camomille et de menthe, et du thé chaud sucré.
- Absorber fréquemment de la nourriture chaude et semi-liquide en petites quantités. Certains recommandent, durant les jours précédant les règles, de supprimer ou de réduire viandes, bouillons, café et boissons alcoolisées.

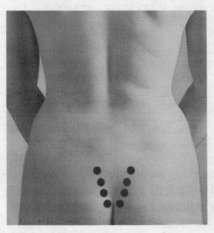

◀ Points symétriques Baliao

Il s'agit de quatre paires de points symétriques situés verticalement au niveau des quatre trous du sacrum.

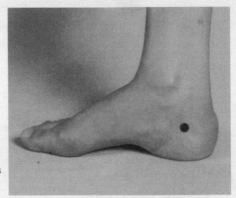

 Points ▶
symétriques
Shuiquan

Ils se situent dans le creux,
au centre de la face intérieure
du talon.

Retard de règles

Traitement :

• Pratiquer un massage stimulant des points concernés. Au-delà d'un retard de sept jours, ce traitement n'a pas d'efficacité.

On peut aussi :

• Prendre des bains de pieds très chauds.

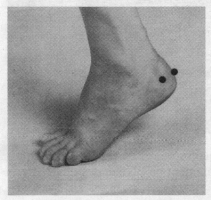

◀ Points
symétriques
à la frontière
des faces externe
et postérieure
de l'os du talon

Ces points, au nombre de deux,
ne portent pas de nom.
Ils se situent du côté extérieur
du pied, sur le talon.
Le premier se trouve
au milieu de la face extérieure du talon,
le second sur la limite
entre les faces extérieure
et postérieure du talon,
au niveau du premier point.

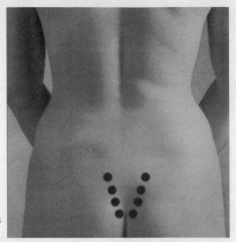

 Points ▶ symétriques Baliao

Il s'agit de quatre paires de points symétriques situés verticalement au niveau des quatre trous du sacrum.

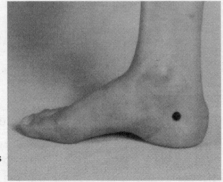

Points ▶ symétriques Shuiquan

Ils se situent dans le creux, au centre de la face intérieure du talon.

Douleurs de l'accouchement

Traitement :

Allonger la patiente sur le côté.
Pratiquer un massage calmant ou un réchauffement, plus efficace, des points concernés.

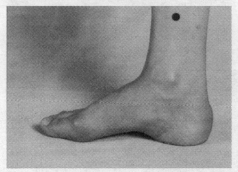

◄ Points symétriques Sanyingjiao

3 tsoun

Ils se situent à l'intérieur
de la jambe, à trois tsoun
au-dessus de la malléole interne
(l'os qui sort de la cheville)
en allant vers le genou.

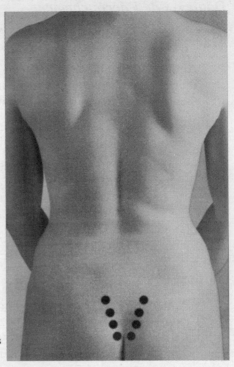

Points ▶
symétriques
Baliao

Il s'agit de quatre paires de points
symétriques situés verticalement
au niveau des quatre trous du sacrum.

Insuffisance de lait

Symptômes :

- Une sécrétion insuffisante de lait chez la mère qui allaite.

Traitement :

- Allonger la personne sur le dos.
- Pratiquer un massage stimulant ou un réchauffement, plus efficace, des points concernés.
- Ces massages ont lieu aux points situés autour de la glande mammaire.
- La séance de massage se place de trente à soixante minutes avant l'allaitement.

On peut aussi :

- Pratiquer des massages circulaires du sein.
- Appliquer une serviette chaude avant l'allaitement.
- Prendre du thé vert – une cuillère à dessert pour un demi-litre de lait. Faites bouillir et buvez vingt minutes avant l'allaitement, puis une quantité égale, en petites gorgées, durant l'allaitement.

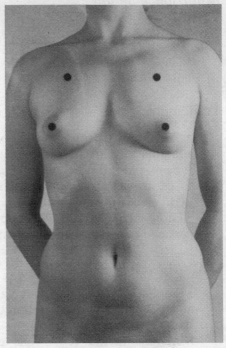

Points ▶
symétriques
Ruzhong

Les points Yingchuang sont placés
sur la ligne mamelonnaire,
juste au-dessus du mamelon,
entre la troisième et la quatrième côte.

Les points Ruzhong se situent exactement
sur les mamelons. Le massage de ces points
est très spécial : on les masse entre le pouce
et l'index. Le réchauffement doit se faire
à bonne distance.

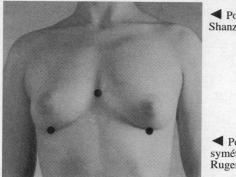

 Point
Shanzhong

 Points
symétriques
Rugen

Le point Shanzhong se situe
sur le sternum, à mi-distance
entre les deux mamelons.

Les points Rugen sont placés sur la ligne
mamelonnaire située verticalement
en dessous du centre du mamelon,
entre la cinquième et la sixième côte.

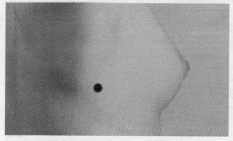

◄ Points
symétriques
Shidou

Ils se trouvent dans le cinquième
espace intercostal à l'extrémité
externe de la glande mammaire.

Massages
et réchauffement

La technique des massages

Massages de points d'acupuncture, massages des pieds ou de points dans l'oreille, réchauffements... constituent une aide ponctuelle et remarquablement efficace. Ils sont sans effets pernicieux et peuvent donc être pratiqués tout en poursuivant son traitement médical habituel.

Comme l'origine d'un mal varie selon les individus, il ne peut pas y avoir de traitement standard, et encore moins de traitement complet, sans un diagnostic médical approprié à chacun.

Cependant, il existe, pour chaque mal, des points symptomatiques communs à tous et des points d'origine qui, eux, sont propres à chaque individu. Si l'on masse les points correspondant aux symptômes, on obtiendra des effets symptomatiques ; si l'on masse les points correspondant aux origines du mal, on obtiendra un effet sur cette origine. Le plus important est de masser le « bon point ».

La technique

Les massages se pratiquent deux fois par jour, matin et soir si l'on veut agir vite et fort, une fois tous les deux ou trois jours, matin et soir, si l'on veut simplement des soins d'entretien.

Lorsqu'il s'agit de soulager un symptôme aigu, on peut pratiquer le massage dès l'apparition du symptôme.

Les deux types de massages

Il existe deux types de massages : le massage calmant et le massage stimulant. Leurs actions thérapeutiques, comme leur réalisation, sont différentes. Le choix de l'un ou de l'autre se décide en fonction de l'objectif visé.

Le massage calmant est destiné à apaiser, à freiner. On le pratique quand les symptômes signalent une réaction exagérée de l'organisme ou l'emballement d'un organe, un excès de travail. Il est choisi pour calmer les réactions excessives que sont la douleur, les crampes musculaires, les convulsions, l'hypertension artérielle, les diarrhées, les sécrétions excessives de l'estomac et bien d'autres manifestations témoignant toujours du fonctionnement déréglé d'un organe.

Sa technique :

• Il est long, continu et profond.

• Il est fort – on appuie fortement – et peut durer plusieurs minutes – de trois à cinq minutes par point. On commence toujours par un massage léger, superficiel, et on augmente progressivement l'intensité en appuyant de plus en plus profondément.

• Pendant toute la durée du massage, le doigt reste en contact avec la peau.

Le massage stimulant est destiné à activer, à relancer. On le pratique quand les symptômes signalent une baisse de fonctionnement d'un organe. Il est choisi pour stimuler une activité insuffisante ou défectueuse dont témoignent, par exemple, la baisse de la tension artérielle, les sécrétions insuffisantes de l'estomac.

Sa technique :

• Il est intense.

• Il est bref – pas plus de trois minutes par point –, discontinu et rythmé. On appuie d'emblée fortement puis on retire aussitôt son doigt du point.

• Dans les cas d'urgence, on appuie avec l'ongle.

Comment masser

Il existe de multiples techniques de massages. Cependant, elles ne représentent généralement que des variantes de massages identiques qui, pour les mêmes affections, offrent la même efficacité.

Les méthodes de massage que j'ai choisies correspondent à des techniques de base reconnues par les écoles orientales.

• **Massez avec le bout de certains doigts** : le pouce, l'index ou le majeur.

• Vous pouvez masser en **même temps ou l'un après l'autre** les points symétriques.

• Qu'il s'agisse d'un massage calmant ou d'un massage stimulant, commencez toujours par un effleurage, afin d'améliorer la circulation sanguine à l'endroit qui sera massé.

• Utilisez la face interne du pouce – le gras du pouce – pour exécuter des mouvements circulaires dans la région du point.

Les signes d'un massage bien fait

Un bon massage provoque, chez le malade et chez le masseur, des sensations particulières et spécifiques, qui témoignent de sa qualité.

À l'endroit du point massé, le malade éprouve une sensation de courbature, de gonflement ainsi que de chaleur qui, ensuite, diffuse largement autour du point.

À l'endroit massé, le masseur ressent un relâchement des muscles du patient dans le cas d'un massage calmant ou une contraction dans la zone du point dans le cas d'un massage stimulant, et lui-même éprouve une sensation marquée de chaleur dans le doigt.

Le massage des enfants

Jusqu'à un an, la durée du massage calmant doit être de 30 s. Celle du massage stimulant de 5 à 10 s. Le nombre maximal de points massés par séance doit être de 2 à 4.

De 1 à 3 ans. Massage calmant : 1,30-2 mn. Stimulant : jusqu'à 30 s. Nombre maximal de points par séance : 4 à 6.

De 3 à 5 ans. Massage calmant : 2 à 2,30 mn. Stimulant : jusqu'à 1 mn. Nombre maximal de points par séance : 6 à 8.

De 5 à 7 ans. Massage calmant : 3 mn. Stimulant : jusqu'à 1,30 mn. Nombre maximal de points par séance : 8.

De 7 à 10 ans. Massage calmant : 4 mn. Stimulant : 1,30 à 2 mn. Nombre maximal de points par séance : 8 à 10.

Au-dessus de 10 ans. Massage calmant : 5 mn. Stimulant : 2 à 3 mn. Nombre maximal de points par séance : 8 à 10.

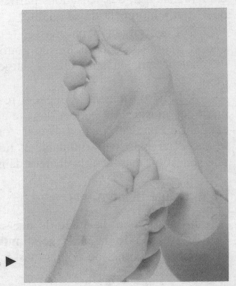

Le massage ▶
du pied

Le pied : avant de procéder au massage, il est indispensable de pratiquer de légers effleurements et d'agiter le pied pour obtenir une relaxation totale.

À l'apparition d'une zone douloureuse et/ou d'une induration, il convient avant tout de préciser à quel organe correspond la région douloureuse. Puis, pendant 2 ou 3 minutes, on exerce des pressions sur la zone concernée en appuyant de plus en plus fort, mais sans provoquer de douleur intense. La douleur s'atténue dans la zone massée. Ensuite, on poursuit la séance.

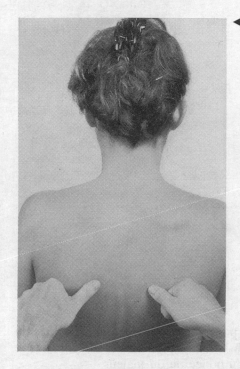

◀ Le massage du tronc

Le tronc : on masse avec les pouces, les deux mains parallèles puisque la plupart des points vont par paire.

Bien évidemment, la symétrie de part et d'autre de la colonne vertébrale n'étant pas parfaite, il faut donc bien chercher les points.

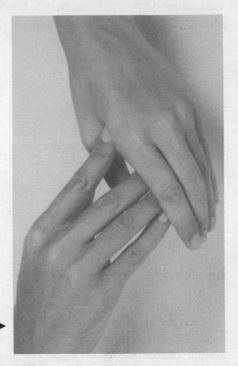

Le massage ▶
d'une partie
du corps

Le corps : pour masser les différentes parties du corps autres que le tronc, le pied ou l'oreille, utilisez le gras de l'index, du pouce ou du majeur.

On masse en appuyant légèrement perpendiculairement au point, de façon à obtenir une pression régulière.

La technique du réchauffement

Le réchauffement (ou moxa) des points d'acu-puncture permet d'obtenir, dans certains cas, une plus grande efficacité. On utilise pour cela des baguettes d'armoise, en vente dans les boutiques chinoises, ou bien un bâton d'encens.

La technique est la suivante :

Allumez cette baguette puis laissez-la se consumer.

Approchez-la ensuite du point, assez près de la peau, à quelques millimètres, en mettant la fumée en contact avec la peau. On doit obtenir une sensation de chaleur agréable, intense, mais pas brûlante. Pour évi-ter une brûlure, on pose la main qui tient le moxa sur un appui et un doigt de l'autre main à côté du point à réchauffer, ainsi on ressent l'intensité de la chaleur.

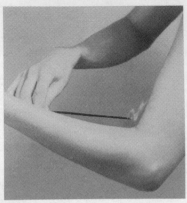

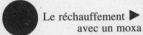
Le réchauffement ▶
avec un moxa

Cette proximité stimule les points, entraînant des effets aussi bien locaux que généraux. Le réchauffement combat la douleur, décontracte, facilite la régénération de la peau. Il donne un coup de fouet au système immunitaire.

La fumée de l'armoise possède en outre des propriétés calmantes sur les inflammations et les démangeaisons, ainsi que des qualités bactéricides très appréciables dans les affections cutanées et respiratoires.

Prévenir :
diagnostic et thérapie

Introduction

Un jour, un célèbre médecin chinois, appelé à la cour, aborda l'empereur et lui dit :

— Sire, vous êtes malade ! La maladie se loge dans la peau, je vous guérirai en trois jours.

Mais le souverain ne souffrait pas et il répondit :

— Je n'ai pas le temps.

Un mois passa. Le médecin revit l'empereur une deuxième fois à un bal. Il s'approcha et lui dit :

— Sire, la maladie a gagné les muscles, mais je peux vous guérir en trois semaines.

Mais les douleurs étaient seulement bénignes et passagères et le souverain répondit :

— Plus tard ! Je n'ai pas le temps.

Deux mois s'écoulèrent encore. Le médecin rencontra l'empereur une troisième fois à la chasse, puis rentra chez lui et commença à faire ses bagages.

— Où vas-tu, maître ? lui demanda son élève.

Le médecin lui répondit :

— L'empereur est gravement malade. La maladie a atteint les os. Demain, il se sentira mal et m'enverra chercher ; je ne pourrai rien pour lui et il me fera décapiter. C'est pourquoi je m'en vais.

Cette anecdote souligne, de façon simple et imagée, à quel point il est indispensable de prévenir le plus tôt possible la maladie...

La digitopuncture nous permet de savoir quelles sont les parties faibles de notre corps qui ne présentent pas encore de troubles graves mais, d'une certaine façon, nous adressent un message, du genre : « Attention, il va se passer quelque chose, je suis en état de faiblesse »...

Nos organes, en effet, nous parlent.

À travers leur langage, qui est celui de la douleur.

Les choses se passent, schématiquement, de la manière suivante :

À la moindre perturbation, l'organe touché envoie un signal de détresse vers le cerveau en utilisant les différents moyens de communication qui sont à sa disposition. Le cerveau enregistre l'information dans la zone cérébrale correspondant à l'organe concerné, laquelle se met alors en alerte, comme un voyant lumineux signale une panne. Aussitôt, les systèmes de défense entrent en action pour compenser ces faiblesses – par exemple, ils fournissent un apport supplémentaire de sang et procèdent à une nouvelle distribution des tâches pour pallier le déséquilibre du fonctionnement de l'organe touché. Les signes généraux de la fatigue ou une insomnie peuvent aussi apparaître, signalant que « tout ne va pas bien ».

En même temps, le cerveau s'affaire à prévenir une agression possible contre l'organe malade. Pour cela, il met en action tout le réseau des points d'acupuncture. Ces points, normalement indolores, deviennent douloureux et leur sensibilité à la température et à la conductibilité électrique se modifie.

Notre corps crie donc son malaise... mais notre myopie nous empêche généralement de le remarquer.

Si la maladie continue d'évoluer, les modifications des points de diagnostic s'accentuent : des signes tels que des bulles ou des taches apparaissent, par exemple sur le pavillon de l'oreille. Sur le tronc ou la plante des pieds, il y a des contractures musculaires aux points correspondant à l'organe en cause. Autres manifestations cliniques : une migraine ou de l'allergie. Ce sont autant de voyants rouges qui s'allument et clignotent sur notre tableau de bord. Mais il nous faudra ouvrir le capot pour trouver les raisons de ces alertes et réparer la machine humaine...

Lorsque le traitement est efficace et que tout revient à la normale, les signaux – douleur, sensibilité à la chaleur... – disparaissent. C'est pourquoi, en observant des points bien précis et, surtout, en prenant en compte leurs réponses, on peut déceler et suivre l'évolution d'une atteinte organique, depuis l'affaiblissement d'un organe jusqu'à son rétablissement complet.

Cependant, si le diagnostic par acupuncture permet de déceler rapidement l'organe responsable d'un trouble, il n'a pas la prétention d'identifier les modalités du trouble et de se passer des techniques de la médecine moderne. On sait où « ça ne va pas », on ne sait pas précisément ce qui ne va pas et pourquoi. Mais les moyens d'exploration que nous offre la médecine occidentale, à ce moment précis, ne montrent encore rien, car le trouble en est à son niveau fonctionnel et il n'existe pas de manifestations morphologiques apparentes – les organes ne présentent ni kyste, ni tumeur, ni ulcère.

La prévention par la digitopuncture consiste à interroger ces « points d'alerte » de notre corps par palpation. Ces points sont ceux de l'acupuncture, autrement dit ceux dans lesquels on enfonce des aiguilles, soit pour diagnostiquer, soit pour soigner, soit souvent les deux à la fois. Chacun d'eux correspond à un organe, parfois à un ensemble d'organes (par exemple, le point reins-surrénales).

J'ai choisi certains points de la plante des pieds, de l'oreille et du tronc. Ils sont loin d'être les seuls, puisque dans la médecine chinoise notre corps nous « parle » en de multiples endroits. On pourrait d'ailleurs aussi bien déceler ces signaux dans la bouche, le nez, la langue, le pouls, une zone du gros intestin ou ailleurs, à tous les niveaux, mais ce serait moins facile d'accès, il faut bien en convenir…

Je n'ai pas choisi non plus de traiter tous les points de ces trois parties du corps, car il y en aurait vraiment trop ! J'ai donc sélectionné les principaux.

La méthode de prévention que je propose est la suivante :
Lorsqu'un point d'organe douloureux apparaît au pied, par exemple, vérifiez que ce même organe se manifeste également sur le tronc et l'oreille.

Si tel n'est pas le cas, cela signifie deux choses : soit que vous avez fait une erreur de localisation au départ, soit que vous n'avez pas encore assez de pratique pour déceler la douleur sur les deux autres parties du corps.

Car il est généralement plus facile d'interroger le pied que l'oreille et l'oreille que le tronc. C'est pourquoi ces trois organes sont ici classés dans l'ordre : on peut « faire ses gammes » sur la plante des pieds avant de passer aux deux autres.

Certains d'entre vous mettront une semaine pour apprendre à bien palper, d'autres dépasseront largement ce délai : il n'y a aucune règle, c'est une question de feeling et, surtout, de méthode. Si l'on s'entraîne régulièrement, on parviendra rapidement à acquérir une certaine technicité.

En tout état de cause, s'il est vrai qu'on peut interroger ses propres pieds, en ce qui concerne les oreilles et le tronc certains points sont difficilement accessibles et il est donc indispensable de faire appel à une tierce personne.

La digitopuncture, donc, ne se pratique pas de façon solitaire. C'est un art de l'échange, du dialogue.

Après avoir un peu pratiqué sur vos pieds, je vous conseille de choisir une personne sur laquelle vous vous « entraînerez » à diagnostiquer et qui, de son côté, apprendra à le faire sur vous. Cela peut aussi servir de test. Prenons le cas d'un ami qui a des problèmes de foie : si vous diagnostiquez un « signal » sur l'un des points du foie, vous pourrez en conclure que vous êtes sur la bonne voie...

Il est souhaitable que le check-up se pratique plusieurs fois par semaine, en prenant tout son temps.

Supposons que, bien entraîné à interpréter les « signes » que vous adresse votre corps, vous découvriez que votre foie s'exprime par la douleur. Quelle doit être alors votre conduite ?

Il se peut que la palpation n'ait fait que confirmer une atteinte pour laquelle vous êtes déjà suivi par un médecin. Dans ce cas, inutile de déranger ce praticien pour lui annoncer… ce qu'il sait déjà.

En revanche, vous allez pouvoir « entretenir » cet organe.

Ne changez rien au traitement qui vous est prescrit, la digitopuncture va simplement constituer un plus. Elle ne vous fait courir aucun danger et ne risque en aucun cas de perturber ou d'amoindrir le traitement en cours.

Régulièrement, une ou deux fois par jour, massez les points de votre corps qui correspondent au foie. Masser le point d'un organe, c'est l'aider à mieux fonctionner, donc, d'une certaine façon, le soigner. Ces massages se feront en même temps que les check-up qui doivent continuer au même rythme.

Supposons que la palpation vous apprenne qu'un problème de reins risque de se poser.

Je vous conseille alors d'en parler à votre médecin.

Il n'est pas impossible qu'il se montre sceptique ou réservé, tout au moins au début, sur la façon dont vous avez fait cette découverte, mais qu'importe, là n'est pas le problème. En revanche, il sait que les ennuis rénaux peuvent se manifester par une hausse de tension : il vérifiera donc celle-ci plus attentivement, de façon plus suivie. Il vous fera éventuellement passer des examens qui peuvent soit révéler un problème morphologique – calculs ou kyste –, soit ne rien montrer du tout si ces calculs ou ce kyste sont de petite taille. Dans ce dernier cas, cela signifie que la pathologie n'en est encore qu'à son stade préliminaire : la stimulation par le massage sera alors très efficace, elle préviendra les manifestations morphologiques.

Dans tous les cas, les massages ne doivent pas être isolés : tout en les pratiquant, vous devez en même temps observer la façon dont évolue votre état général, vous poser des questions comme : « Est-ce que je dors mieux, est-ce que je suis moins fatigué, est-ce que j'ai toujours des lourdeurs au moment des repas ? », etc. Fatigue, manque de sommeil, baisse de l'appétit, digestion difficile sont des symptômes généraux, non spécifiques, mais qui servent en quelque sorte de baromètre. Ils indiquent qu'on « couve » quelque chose. Si, au contraire, ils s'atténuent ou disparaissent, c'est qu'on est en train de résoudre certains problèmes de santé.

Notre organisme, on le voit, est extrêmement astucieux, puisqu'il nous souffle à la fois la raison de notre mal et la façon de le guérir.

À nous de savoir regarder, toucher et écouter.

Si chacun de nous consacre chaque jour quelques minutes à palper ou à masser les points correspondant à sa vulnérabilité, ce geste aura un effet fort salutaire.

S'il continue d'interroger son corps, il sera à l'abri des petits et des grands maux de la vie ou, tout au moins, saura mieux leur résister.

En termes purement matériels, perdre ainsi quelques minutes pour y gagner considérablement en santé constitue… un investissement sacrément fructueux !

L'interrogation de la plante des pieds

Le pied est une construction anatomique très élaborée, ses vingt-six os imbriqués les uns dans les autres assurant flexibilité et soutient. Il est également très richement innervé, ce qui permet l'acheminement vers le cerveau des informations qui garantissent la coordination des mouvements, notamment de la marche, et assurent l'équilibre général du corps. La plante des pieds offre un immense champ de renseignements et d'actions sur tous les organes et les constituants de l'organisme. On y a d'ailleurs dressé une véritable topographie des zones et des projections du corps.

Comment interroger les pieds ?

Si l'on veut bien examiner la plante ou les côtés du pied d'une personne, celle-ci doit vous faire face, assise ou couchée, la plante ou le côté du pied posé sur vos genoux. Si vous effectuez vous-même votre diagnostic, installez-vous confortablement assis, la jambe posée sur une chaise ou sur le genou de l'autre jambe. L'important est de trouver une position qui permette au pied d'être détendu. Une personne crispée rend difficile un diagnostic. Avant de procéder au massage proprement dit, il est indispensable de pratiquer de légers effleurements et d'agiter le pied pour obtenir une relaxation totale

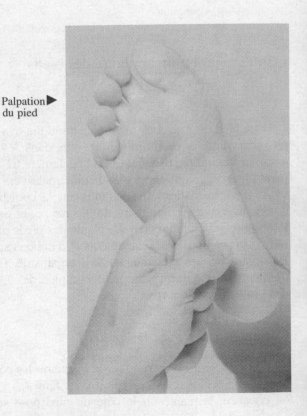

Palpation du pied ▶

Chaque séance dure de 15 à 30 minutes, on masse alternativement le pied droit et gauche, chacun pendant la même durée.

Prenez le pied et palpez-le avec les doigts repliés en boule. J'utilise la deuxième articulation de l'index ou du majeur replié.

Appuyez en poussant perpendiculairement sur toute la plante du pied, fermement mais sans excès.

Lorsque le point n'est pas douloureux, il reste insensible, même si la pression du doigt est forte.

Ne confondez pas la sensation simple et normale du toucher, qui demeure indolore, avec la sensation douloureuse, qui constitue le signe d'une perturbation.

Palpez les deux pieds entièrement de bas en haut, les orteils, le dessous des orteils, la plante tout entière, en cherchant les zones sensibles.

Si un endroit douloureux se fait connaître par une petite douleur aiguë mais localisée, repérez à quel organe cette zone correspond, afin de déterminer l'origine du trouble.

Inversement, si vous souffrez ou pensez souffrir d'un trouble concernant un organe, vous pourrez le vérifier en palpant la zone qui lui correspond – puis le soigner en la massant.

Les zones du pied
représentant les organes

Les organes de la partie droite du corps sont représentés par le pied droit ; vésicule et foie sont donc situés à droite.

Les organes de la partie gauche, comme le cœur et la rate, sont représentés sous le pied gauche.

Pour faciliter la localisation des zones, tracez une ligne horizontale qui sépare le pied en deux parties. Cette ligne démarre sous l'os de l'articulation du gros orteil et délimite une partie supérieure et une partie inférieure. Elle représente le **diaphragme**.

Sur la partie supérieure de la plante des deux pieds : la zone assez large des **poumons** se trouve entre la ligne du diaphragme et la base des orteils.

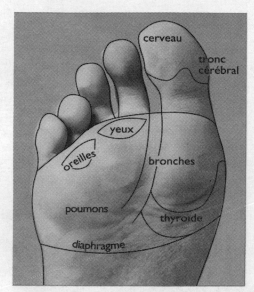

◄ Partie
supérieure
de la plante
du pied droit

La zone correspondant au **cerveau** est nichée sur le renflement du gros orteil.

La zone de la **thyroïde** est localisée à la base du gros orteil, sur le coussinet de l'articulation.

Les zones des **yeux** sont situées entre les deuxième et troisième orteils, sur les petits renflements qui forment une sorte de U. La zone douloureuse signale indifféremment une affection de l'œil droit ou gauche.

Les zones des **oreilles** sont situées entre les quatrième et cinquième orteils.

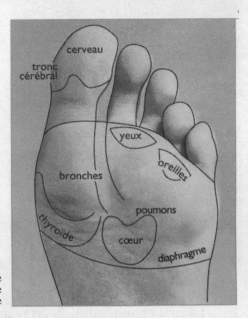

Partie ▶
supérieure
de la plante
du pied gauche

Sur la partie supérieure de la plante du pied gauche au milieu de la ligne du diaphragme et un peu au-dessus de la zone du plexus solaire se trouve la zone du **cœur**. Pour la repérer, mais uniquement pour cette zone, cambrez un peu les doigts de pied en arrière, sinon elle est cachée par la zone des poumons.

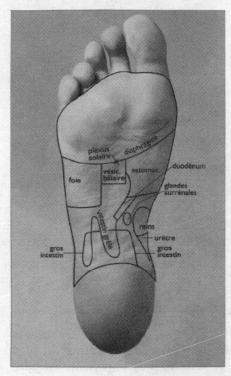

◀ Partie
inférieure
de la plante
du pied droit

Sur la partie inférieure de la plante du pied droit sont localisées les zones uniques du **foie** et de la **vésicule biliaire**.

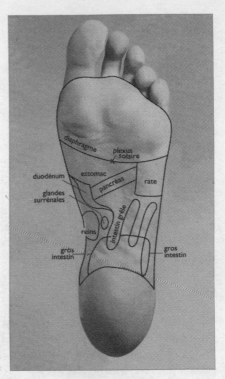

Partie ▶
inférieure
de la plante
du pied gauche

Sur la partie inférieure de la plante du pied gauche se situent la zone la plus importante du **pancréas** et la zone unique de la **rate**.

La localisation des différentes zones

Les zones des autres organes sont groupées sous les deux pieds.

Sur la ligne du diaphragme, au milieu, se trouve la zone du **plexus solaire**. Celui-ci a en charge l'innervation de tous les organes digestifs, aussi réagit-il aux émotions, agressions et réactions tant physiques que nerveuses.

Toujours sur la ligne du diaphragme, entre la zone du foie et la zone du plexus solaire, se trouve la zone de la **vésicule biliaire**.

La zone de la **rate** se trouve sur la plante du pied gauche, vers le bord extérieur, à la base des troisième et cinquième orteils, sous la ligne du diaphragme, comme la zone du foie sur la plante du pied droit.

La zone la plus vaste du **pancréas** se situe sur le même pied, sur la plante, entre la ligne du diaphragme et les zones de la rate et de l'estomac.

Au niveau du bord extérieur de la plante du pied droit, à la base des troisième et cinquième orteils, sous la ligne du diaphragme, se trouve une vaste surface, celle du **foie**.

Sous l'articulation du gros orteil, en allant vers le bord intérieur du pied, mais sans en dépasser la limite, on localise la vaste zone de l'**estomac**.

Les zones des autres organes digestifs sont groupées sous la cambrure du pied.

La zone de **duodénum** est située sous la zone de l'estomac, un peu plus vers l'intérieur.

Sous la zone du duodénum, et occupant tout le milieu du pied, se trouve la zone de l'**intestin grêle**, en forme de spirale.

La zone du **gros intestin** est localisée presque sous le talon et forme comme un pont, les piliers étant sur les côtés du pied et l'arche vers les orteils.

La zone des **reins** et celle des **surrénales** se placent entre la zone de l'intestin grêle et le bord intérieur du pied, un peu avant le talon.

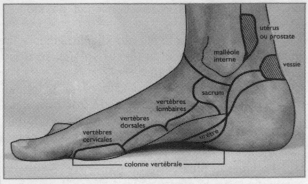

Sur le profil inférieur du pied : juste derrière la malléole interne se situe la zone de **l'utérus** ou de la **prostate**.

La zone de la **vessie** est située sur le bord supérieur du pied là où le tendon d'Achille s'attache au talon.

La zone de l'**urètre** est une ligne qui rejoint la zone des reins – sous le pied – à la zone de la vessie – sur le bord supérieur du talon.

Tout à fait sur le profil intérieur du pied, de la base du gros orteil jusqu'à la malléole, s'étend la zone de la **colonne vertébrale** sur une ligne qui suit la voûte plantaire.

La zone des **vertèbres cervicales** se déploie de la base du gros orteil à la fin de son articulation. La zone des **vertèbres dorsales** suit en direction du talon. La zone des **vertèbres lombaires** prolonge celle des dorsales. La zone du **sacrum** se situe au niveau du bord inférieur de la malléole.

Ces zones diagnostics, qui constituent un des maillons du puissant système d'autorégulation de l'organisme, sont également employées pour soigner.

L'interrogation de l'oreille

On a observé depuis fort longtemps que, par sa forme, le pavillon de l'oreille rappelle un embryon humain placé la tête en bas. Certains l'expliquent en observant la formation de l'oreille au cours du développement de l'embryon : le même élément d'où part le germe de tous les organes donne aussi naissance à l'oreille. Cette parenté d'origine expliquerait donc ses propriétés particulières.

Les organes du corps humain se reflètent dans le pavillon de l'oreille selon des zones bien déterminées. En suivant la silhouette d'un fœtus renversé, la tête vers le lobe, on a dressé une carte situant les différents organes. Cette carte comprend plusieurs zones.

Les organes se repèrent par des points, qui sont au nombre de... cent dix, mais dont nous ne retiendrons ici que les plus importants, au nombre d'une trentaine. Chaque point donne des informations sur l'état d'un organe : tel est le principe du diagnostic par l'oreille ou auriculo-diagnostic.

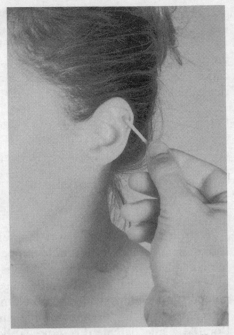

Pour la palpation de l'oreille, la présence d'une autre personne est nécessaire, et l'on s'interrogera mutuellement. Certes, on peut aussi procéder en se regardant dans une glace, mais c'est là une opération plus difficile.

Pour palper les points de l'oreille, on peut utiliser la pointe d'un stylo à bille (ne fonctionnant plus...) ou une allumette.

Habituellement, comme on l'a vu pour le pied, ces points sont insensibles au toucher et ne présentent aucune caractéristique particulière. Mais si l'organe qui leur correspond se trouve perturbé, alors ils se manifestent, ou, du moins, deviennent sensibles, voire douloureux, et cela à un stade très précoce de l'atteinte. Les caractéristiques physiques et la thermo-sensibilité se modifient simultanément. Parfois même, un œil exercé parvient à distinguer une légère modification : la minuscule cicatrice d'une atteinte antérieure, des taches rouges, signes d'inflammation, etc.

En examinant point par point l'ensemble de l'oreille, chacun peut évaluer son état de santé et réaliser son propre diagnostic en dépistant ses faiblesses et, éventuellement, les premières manifestations d'une perturbation organique.

Cependant, je le répète une fois encore, il ne s'agit que d'une technique de soins et de diagnostic qui ne permet en aucun cas de négliger les examens de la médecine classique.

Les zones de l'oreille
représentant les organes

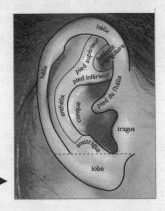

L'anatomie ▶
de l'oreille

Sur le pavillon de l'oreille, on distingue : le lobe ;
le tragus ; l'antitragus ; l'hélix ; l'anthélix, qui se divise
en haut en deux pieds – supérieur et inférieur – délimi-
tant la fossette ; la conque.

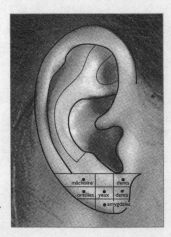

Les points ▶
du lobe

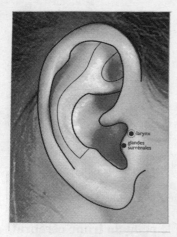

◀ Les points
du tragus

Pour définir la limite supérieure du **lobe**, saisissez-le entre le pouce et l'index et glissez le doigt vers le haut jusqu'à buter sur le début du cartilage de l'oreille. Réunissez par une ligne ce point et l'extrémité supérieure du pli qui rejoint le haut de la joue. Divisez le lobe par deux lignes horizontales et deux lignes verticales de façon à obtenir neuf carrés. Les points **amygdales**, **yeux**, **dents**, **mâchoire** et **oreilles** se situent au centre de chaque carré.

En longeant l'oreille du côté de la joue, au-dessus du lobe, on bute sur un rebord cartilagineux nommé **tragus**.

Le tragus comporte deux petites bosses. Au milieu de celles-ci se projettent les glandes à sécrétion interne et **surrénales**..

Au milieu de la bosse du haut, mais à l'intérieur, sur la face interne du tragus, se trouve le point du **larynx**.

En face du tragus, dans le pavillon, du côté de la nuque, se situe l'**antitragus**. C'est un petit promontoire entre la bosse et le cartilage.

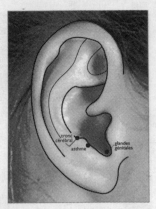

Les points ▶
de l'antitragus

Dans son repli se loge le point du **tronc cérébral**, utile, entre autres, pour traiter le mal de tête.

Au milieu, du côté extérieur de l'antitragus, se situe le point de **l'asthme** à stimuler en cas de crise.

Tout à fait en bas, au fond de la petite césure séparant le tragus et l'antitragus, se trouve un point central régissant les **glandes génitales** : **ovaires** ou **testicules**.

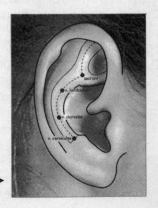

Les points ▶
de l'anthélix

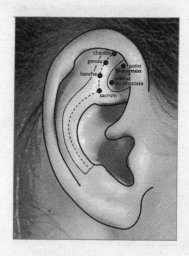

◀ Les points
des pieds et
de la fossette
de l'anthélix

L'**anthélix** est le bord cartilagineux qui longe l'oreille. Il correspond à la colonne vertébrale mais comme un homme qui marche la tête en bas, les pieds vers le haut. Divisez l'anthélix par trois lignes verticales de façon à obtenir quatre parties égales. En haut, au point de jonction des deux pieds de l'anthélix, se trouve le point du **sacrum**. Suivent les points des **vertèbres lombaires**, entre les tiers supérieur et médian, des **dorsales** puis des **cervicales**, situés au-dessus de l'antitragus, presque à la hauteur du point du tronc cérébral.

Tracez une ligne imaginaire du point du sacrum, jusqu'en haut et divisez-la en trois parties égales. Sur cette ligne se situent les points des articulations de la **cheville**, du **genou** et de la **hanche**.

Dans la fossette triangulaire entre les deux pieds de l'anthélix se trouve le point du système

207

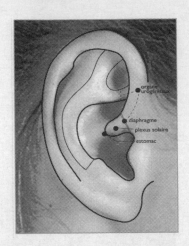

Les points ▶
de l'hélix

génital : **utérus** pour les femmes, **prostate** pour les hommes.

Au-dessus du point du système génital est localisé le **point** nommé **Shenmen**, calmant et anesthésiant.

Dans l'**hélix**, au niveau du pied inférieur de l'anthélix, se trouvent les points des **organes urogénitaux**.

Juste au début du **pied de l'hélix**, qui commence dans la conque, se trouve le point de **l'estomac**. À la fin du pied de l'hélix, dans la conque, à l'endroit où il rejoint le bord extérieur, on trouve une petite césure ; en son milieu est localisé le point du **diaphragme**.

Le point du **plexus solaire** est localisé entre le point de l'estomac et celui du diaphragme.

Les projections des organes sont situées dans la **conque**. Pour les trouver, repérez-vous par rapport aux points de l'anthélix.

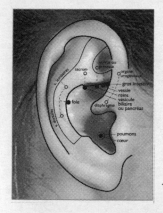

◀ Les points de
la conque

Le point du **gros intestin** se trouve à mi-chemin entre le point du diaphragme et le point urogénital.

Le point de la **vessie** est situé au niveau de la moitié du pied inférieur de l'anthélix.

Au niveau du point de l'utérus ou de la prostate, se trouve le point du **rein**.

Dans l'oreille droite, au niveau du point du sacrum, se trouve le point de la **vésicule biliaire**.

Dans l'oreille gauche, au niveau du point du sacrum, se trouve le point du **pancréas**.

À mi-distance entre les points des vertèbres lombaires et dorsales se situe le point du **foie**.

Le point du **cœur** se situe au milieu du bas de la conque, là où on sent comme une fossette. Il est entouré par la zone des poumons.

La zone des **poumons** est située dans la partie inférieure de la conque, autour du point du cœur.

Ces points des oreilles sont également utiles en auriculothérapie, c'est-à-dire pour soigner.

L'interrogation du tronc

Il existe sur le tronc des séries de points-signaux assez faciles à reconnaître. Ils renseignent sur l'état de l'organe auquel ils sont associés et permettent un diagnostic simple et rapide que la médecine traditionnelle se chargera d'affiner. Là encore, les points correspondant à un organe déficient réagissent au toucher, deviennent douloureux. Parfois, des contractions musculaires apparaissent.

Les points situés sur la poitrine et le ventre sont nommés **points Mu**.

Les points situés dans le dos sont appelés **points Shu**.

Comment interroger le tronc

La plupart de ces points sont symétriques, c'est-à-dire qu'on les trouve de chaque côté de l'axe de la colonne vertébrale. On les palpe tous les deux en même temps, à l'aide des pouces, les mains parallèles.

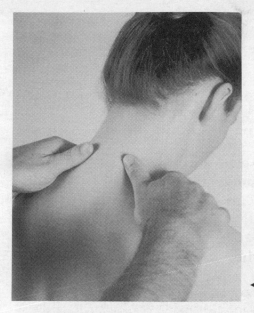

◀ Palpation
du tronc

La symétrie n'étant jamais parfaite, il faut bien prendre le temps de chercher les points.

Certains points, eux, sont uniques. On les palpe à l'aide de l'index.

On peut atteindre soi-même certains points du ventre mais, pour le dos, il est nécessaire de faire appel à une tierce personne.

Les points Mu

Les points Mu sont situés sur le ventre et sur le buste.

Pour les repérer, tracez une ligne verticale imaginaire passant par le nombril ; cette ligne s'appelle ligne médiane ventrale.

De chaque côté, tracez une deuxième ligne verticale passant par les mamelons. Elle se nomme ligne mamelonnaire.

Tous les points Mu se trouvent placés sur ces trois lignes, à l'exception des points :

— des poumons (P) ;

— de la rate-pancréas (RP) ;

— du gros intestin (GI).

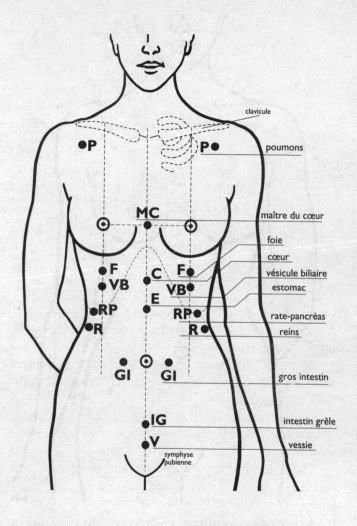

Schéma de la localisation des points Mu

213

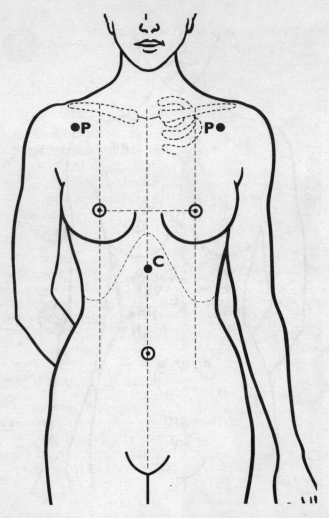

Schéma de la localisation des points Mu symétriques
des poumons et du point Mu du cœur.

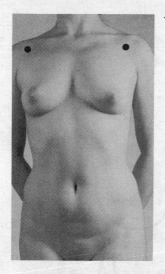

 ◀ Les points Mu
des poumons (Zhongfu)

Symétriques,
ils se situent au-dessous
de l'extrémité extérieure
de la clavicule,
entre la première
et la deuxième côte.

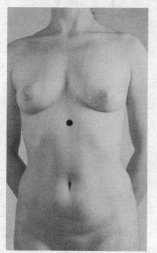

 ◀ Le point Mu
du cœur (Juque)

C'est un point unique qu'on
trouve sur une ligne
verticale passant par
le milieu du tronc, six tsoun
au-dessus du nombril.

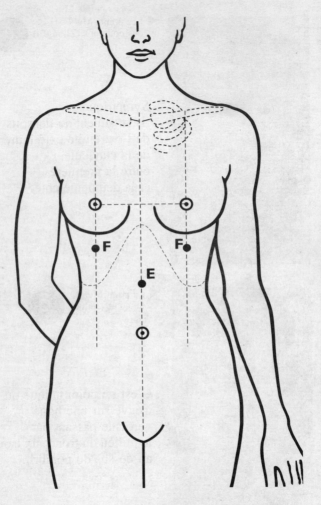

Schéma de la localisation des points Mu symétriques des poumons et du point Mu de l'estomac.

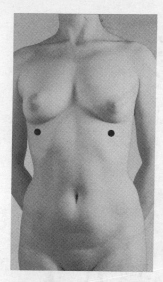

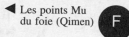

Les points Mu
du foie (Qimen)

F

On les trouve sur
la ligne mamelonnaire,
sous les mamelons,
entre les sixième
et septième côtes.

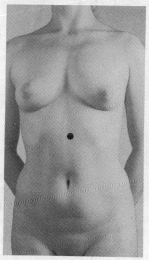

Le point Mu
de l'estomac
(Zhongwan)

 E

C'est un point unique.
On le trouve
sur une ligne verticale
passant par le milieu
du tronc, quatre tsoun
au-dessus du nombril,
à mi-distance entre
le nombril et le point
du sternum.

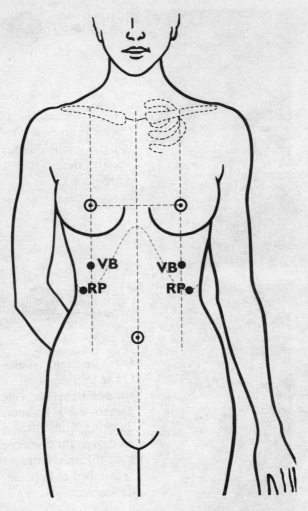

Schéma de la localisation des points Mu symétriques de la vésicule biliaire et de la rate-pancréas.

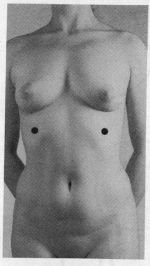

◀ Les points Mu
de la vésicule biliaire (Riyue) **VB**

Symétriques,
on les trouve
au-dessous du point
Mu du foie, sur la
ligne mamelonnaire
entre les septième
et huitième côtes.

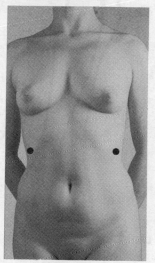

◀ Les points Mu de la rate
et du pancréas (Zhangmen) **RP**

Ces points
symétriques sont
situés sous l'extrémité
de la onzième côte.

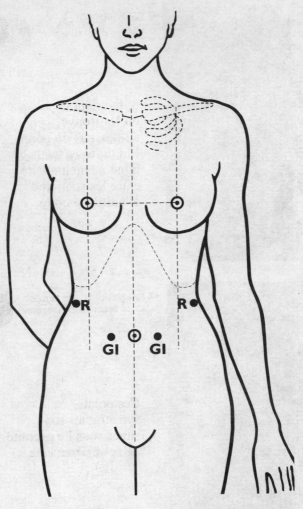

Schéma de la localisation des points Mu
symétriques des reins et du gros intestin.

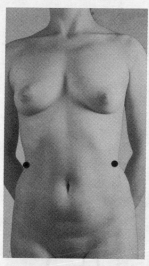

◀ Les points Mu
des reins (Jingmen)

On trouve ces points
sous l'extrémité
de la douzième côte.

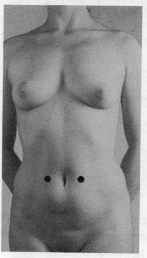

◀ Les points Mu
du gros intestin (Tianshu)

Symétriques,
on les trouve
au niveau du nombril,
à deux tsoun vers
les flancs.

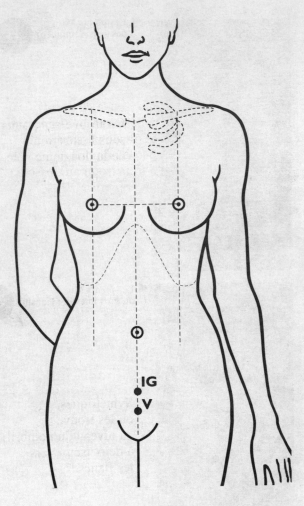

Schéma de la localisation des points Mu uniques
de l'intestin grêle et de la vessie.

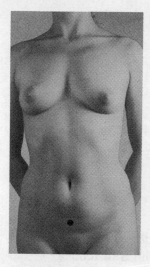

◀ Le point Mu
de l'intestin grêle
(Guanyuan)

On trouve ce point
unique sur une ligne
verticale passant
par le nombril,
à trois tsoun au-dessous
du nombril.

◀ Le point Mu
de la vessie (Zhongji)

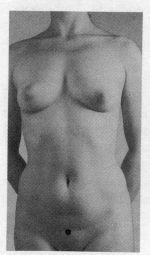

C'est un point unique.
On le trouve sur une
ligne verticale passant
par le nombril,
à quatre tsoun
au-dessous du nombril.

Les points Shu

Ils se trouvent dans le dos. Tous sont symétriques, il n'y a donc pas de point **Shu** unique.

Traçons deux lignes symétriques verticales de part et d'autre de la colonne vertébrale, à mi-distance entre cette colonne et le bord intérieur des omoplates. Sur ces lignes se trouvent les points Shu, entre les différentes vertèbres.

Pour compter les vertèbres, prenez comme référence la septième et dernière vertèbre cervicale. On la repère facilement car elle forme une bosse à la base de la nuque et bouge quand vous tournez la tête. Celle qui se trouve immédiatement dessous est la première vertèbre dorsale. Celle-là ne bouge pas quand vous tournez la tête. Les points Shu commencent entre la troisième et la quatrième dorsale. De haut en bas, on a donc les vertèbres cervicales, ensuite dorsales, puis lombaires, enfin celles qui, soudées, forment le sacrum et le coccyx.

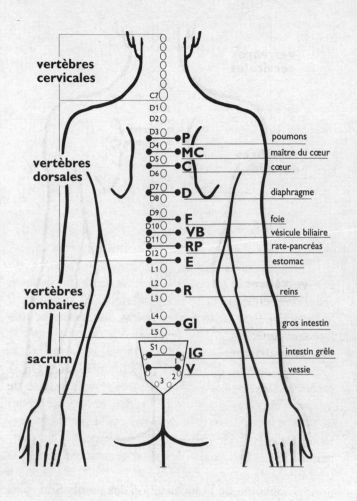

vertèbres
cervicales

C7
D1
D2
D3 **P** poumons
D4 **MC** maître du cœur
D5 **C** cœur
D6

vertèbres
dorsales

D7
D8 **D** diaphragme

D9 **F** foie
D10 **VB** vésicule biliaire
D11 **RP** rate-pancréas
D12 **E** estomac
L1

vertèbres
lombaires

L2 **R** reins
L3

L4 **GI** gros intestin
L5

sacrum

S1 **IG** intestin grêle
V vessie
3 2 1

Schéma de la localisation des points Shu

225

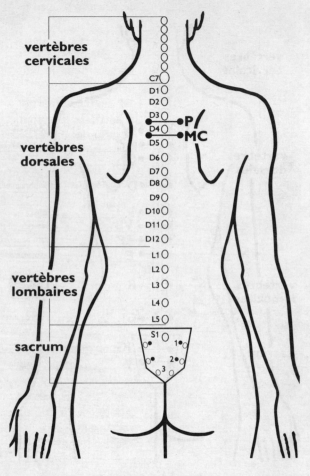

Schéma de la localisation des points Shu
symétriques des poumons
et du maître du cœur.

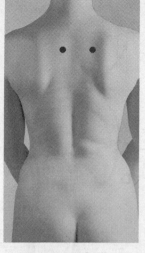

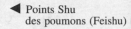 Points Shu
des poumons (Feishu)

Symétriques,
ils se situent le long
des deux lignes
verticales de part et
d'autre de la colonne
vertébrale, entre
la troisième
et la quatrième
vertèbre dorsale
(D3-D4).

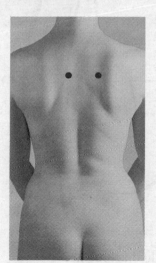

◀ Points Shu
du maître du cœur
(Jueyinshu)

Symétriques,
ils se situent le long
des deux lignes
verticales de part et
d'autre de la colonne
vertébrale, entre
la quatrième
et la cinquième
vertèbre dorsale
(D4-D5).

227

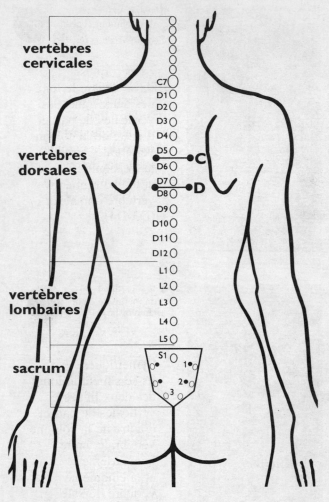

Schéma de la localisation des points Shu
symétriques du cœur et du diaphragme.

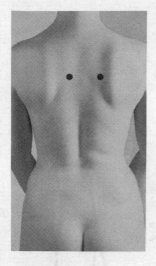

 Points Shu
du cœur (Xinshu) **C**

Symétriques,
ils se situent le long
des deux lignes
verticales de part et
d'autre de la colonne
vertébrale, entre
la cinquième
et la sixième vertèbre
dorsale (D5-D6).

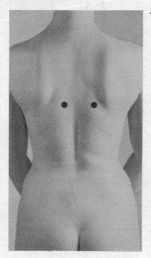

 Points Shu
du diaphragme (Geshu) **D**

Symétriques,
ils se situent le long
des deux lignes
verticales de part et
d'autre de la colonne
vertébrale, entre
la septième
et la huitième
vertèbre dorsale
(D7-D8).

229

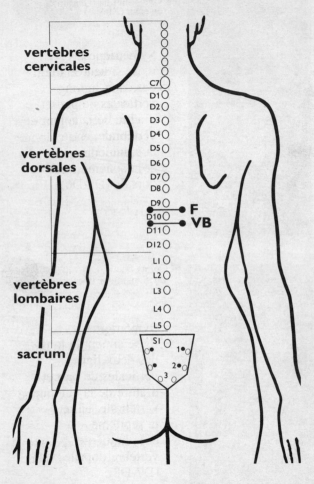

vertèbres
cervicales

C7

vertèbres
dorsales

D1
D2
D3
D4
D5
D6
D7
D8
D9 ● F
D10
D11 ● VB
D12
L1
L2
L3

vertèbres
lombaires

L4
L5

sacrum

S1
1
2
3

Schéma de la localisation des points Shu
symétriques du foie et de la vésicule biliaire.

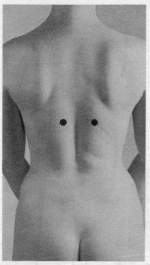

◀ Points Shu
du foie (Ganshu)

Symétriques,
ils se trouvent dans
le dos, le long
des deux lignes
verticales de part et
d'autre de la colonne
vertébrale, entre
la neuvième et
la dixième vertèbre
dorsale (D9-D10).

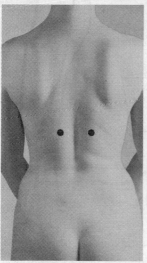

◀ Points Shu
de la vésicule biliaire
(Danshu)

Symétriques,
ils se situent le long
des deux lignes
verticales de part et
d'autre de la colonne
vertébrale, entre
la dixième et
la onzième vertèbre
dorsale (D10-D11).

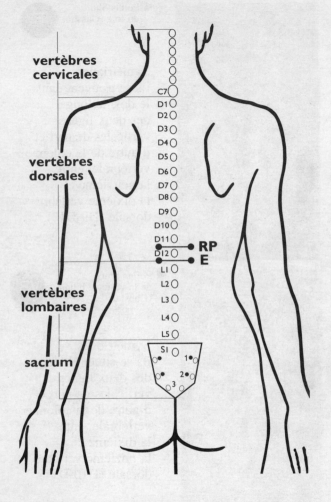

vertèbres
cervicales

C7
D1
D2
D3
D4
D5
D6
D7
D8

vertèbres
dorsales

D9
D10
D11
D12

RP
E

L1
L2
L3

vertèbres
lombaires

L4
L5
S1

sacrum

1
2
3

Schéma de la localisation des points Shu
symétriques de la rate-pancréas et de l'estomac.

232

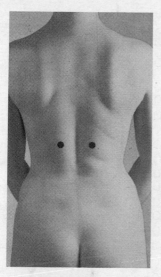

◀ Points Shu
de la rate-pancréas
(Pishu)

Symétriques,
ils se trouvent dans
le dos, le long
des deux lignes
verticales de part
et d'autre de la colonne
vertébrale, entre
la onzième et
la douzième vertèbre
dorsale (D11-D12).

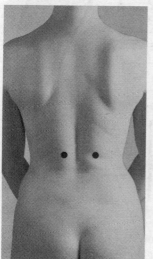

◀ Points Shu
de l'estomac (Weishu) **E**

Symétriques, ils sont
placés dans le dos,
le long des deux lignes
verticales de part et
d'autre de la colonne
vertébrale, entre
la douzième vertèbre
dorsale et la première
vertèbre lombaire
(D12-L1).

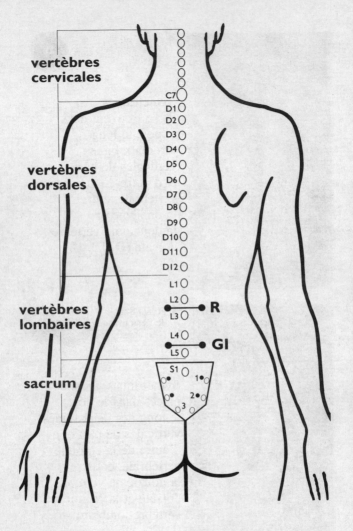

vertèbres
cervicales

vertèbres
dorsales

vertèbres
lombaires

sacrum

C7
D1
D2
D3
D4
D5
D6
D7
D8
D9
D10
D11
D12
L1
L2 ●——● R
L3
L4 ●——● Gl
L5
S1

Schéma de la localisation des points Shu
symétriques des reins et du gros intestin.

234

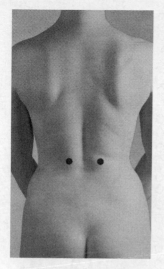

◀ Points Shu
des reins (Shenshu) **R**

Symétriques, ils sont
placés dans le dos,
le long des deux
lignes verticales
de part et d'autre
de la colonne
vertébrale, entre
la deuxième
et la troisième
vertèbre lombaire
(L2-L3).

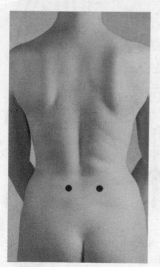

◀ Points Shu
du gros intestin
(Dagangshu) **GI**

Symétriques,
ils se situent le long
des deux lignes
verticales de part et
d'autre de la colonne
vertébrale, entre
la quatrième et
la cinquième vertèbre
lombaire (L4-L5).

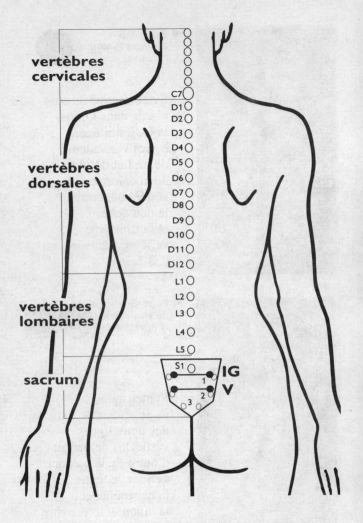

Schéma de la localisation des points Shu
symétriques de l'intestin grêle et de la vessie.

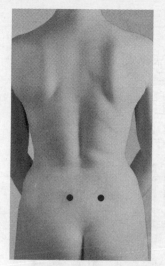

◀ Points Shu
de l'intestin grêle
(Xiaochangshu)

Symétriques,
ils se trouvent dans
le dos, au niveau
de l'intervalle entre
la première et
la deuxième vertèbre
sacrée, au-dessous
du bord supérieur
du sacrum.

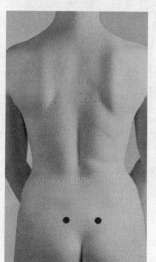

◀ Points Shu de la vessie
(Pangguangshu) V

Symétriques,
ils se situent le long
des deux lignes
verticales de part et
d'autre de la colonne
vertébrale, à peu près
au milieu du sacrum.

L'anatomie du corps humain (face)

- arcade sourcilière
- orbite
- articulation de la mâchoire
- mâchoire supérieure
- mâchoire inférieure
- clavicule
- articulation de l'épaule
- corps du sternum
- apophyse du sternum
- côtes
- articulation du coude
- os iliaque
- articulation carpienne
- articulation de la hanche
- symphyse pubienne
- articulation du genou
- os fibula
- os tibia
- face intérieure de la jambe
- articulation entre la jambe et le pied
- métatarses

- bras
- avant-bras
- face intérieure de l'avant-bras
- main
- cuisse
- face extérieure de la cuisse
- jambe
- face extérieure de la jambe
- malléole extérieure
- malléole intérieure

L'anatomie du corps humain (dos)

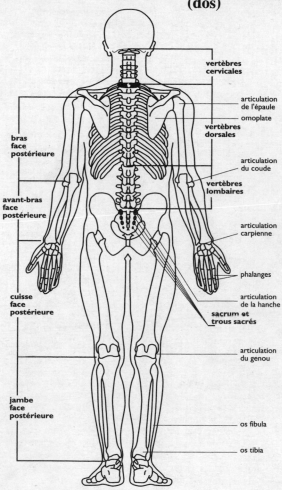

vertèbres cervicales

articulation de l'épaule

omoplate

vertèbres dorsales

bras face postérieure

articulation du coude

vertèbres lombaires

avant-bras face postérieure

articulation carpienne

phalanges

articulation de la hanche

cuisse face postérieure

sacrum et trous sacrés

articulation du genou

jambe face postérieure

os fibula

os tibia

Médecine chinoise
et
digitopuncture

— Docteur, je n'en peux plus. J'ai mal au dos et cela fait plus de dix ans que ça dure ! J'en ai assez...

L'homme qui me fait face, dans mon cabinet de consultation, paraît vraiment accablé, découragé.

— On m'a fait passer un tas de radios... j'ai eu droit aux infiltrations, aux massages, à la gymnastique, mais rien n'y a fait vraiment : je continue de souffrir, se lamente-t-il. Alors, quelqu'un m'a parlé de vous...

Manifestement, je suis son dernier espoir. Un espoir plutôt faible, je le sens, car il a été tant de fois déçu.

— Je vais d'abord examiner vos oreilles.

L'avouerai-je ? J'éprouve toujours un plaisir, que certains pourraient qualifier d'enfantin, à prononcer cette phrase, comme cela, *ex abrupto*, devant mes nouveaux patients. J'aime les surprendre afin de changer la couleur de nos rapports, éveiller leur curiosité pour cette médecine que je pratique et, ainsi, les amener à participer.

Tout au long de cette première consultation, l'homme va d'étonnement en étonnement. Après ses oreilles, j'examine ses yeux, sa langue, puis ses pieds et enfin son torse.

Le pauvre se demande s'il n'est pas tombé sur une folle... et, sans doute, se rassure-t-il un peu en se rappelant que, sur ma plaque professionnelle, il a bien lu « Docteur en médecine »... et non pas « farces et attrapes » !...

Tout en procédant à ce rapide examen, je lui fais observer :

— Vous avez eu un ennui cardiaque, mais c'est terminé maintenant.

La stupeur se lit sur son visage.

— C'est exact, docteur, mais... vous avez vu ça... dans mon oreille ?

— Oui. Mais passons au problème qui nous occupe : vous avez eu également un problème de reins, me semble-t-il.

— En effet, docteur, mais c'est du passé.

— Parlez-m'en un peu, cependant.

— Oh, c'était il y a quinze ans ! J'ai souffert de coliques néphrétiques mais, depuis, j'ai été guéri : il n'y a plus de calculs, toutes les analyses sont bonnes.

— Je n'en doute pas, mais vos reins – surtout le droit – ne travaillent pas à plein rendement. Pour s'adapter à cette situation, tout se passe comme si ces deux organes opéraient une sorte de choix : ils privilégient certaines fonctions essentielles, au détriment d'autres moins importantes – en particulier l'élimination de l'eau. Chez vous, cela se traduit par une rétention d'eau dans les disques cartilagineux qui se trouvent entre vos vertèbres. Une fois gonflés, ces disques s'écartent un peu de leur logement, de très peu, de quelques millimètres seulement, bien sûr, mais c'est suffisant pour effleurer des nerfs et vous faire souffrir.

Cette fois-ci, peut-être déjà un peu habitué à cet étrange praticien que je suis, mon client ne manifeste qu'une légère surprise.

— Si je comprends bien, docteur, je suis venu pour mon dos... et vous allez me soigner les reins ? commente-t-il.

— Bien sûr. La médecine ne doit pas se contenter de traiter la maladie en restant l'œil rivé sur la partie souffrante : notre organisme fonctionne comme un tout et la thérapie se doit d'être globale. Si je me bornais à vous donner des corticoïdes, je ferais disparaître l'œdème dû au gonflement, votre disque reprendrait place dans son logement, vous seriez soulagé... et quelque temps plus tard, vos reins poursuivant leur petit manège, vos douleurs reprendraient.

— Parce que vous n'auriez pas fait disparaître la source du mal, mais seulement ses symptômes ? C'est bien cela, docteur.

— Exactement.

Je sors mes aiguilles.

Nouvel étonnement dans les yeux de mon patient, cette fois mêlé d'inquiétude. Difficile de se résoudre à accorder toute sa confiance à un thérapeute aussi atypique...

— Vous allez me piquer... les reins ?

— Non, je ne touche pas aux organes. Je soigne leurs fonctions. Dans un premier temps, je vais soulager votre douleur, ensuite je vous traiterai.

Il soupire.

— C'est bien étrange... J'aimerais bien que vous m'expliquiez tout cela, un jour.

Quelque temps plus tard, ce patient était en pleine forme. Je l'avais traité par acupuncture, en prenant soin de lui donner quelques conseils élémentaires de diététique.

La médecine chinoise traditionnelle, qui est apparue deux siècles avant notre ère, considère qu'à chaque moment de la vie se tissent d'étroites liaisons entre l'homme, son corps et son esprit, le cours des planètes et la marche de l'univers. L'individu, en effet, n'existe pas d'une manière isolée, autonome, mais fait partie intégrante des mondes végétal, minéral, planétaire, auxquels l'attachent mille liens et de subtils réseaux de correspondances.

Or, l'univers est régi par les relations du yin (l'inertie, la substance, le froid, la femelle, la nuit…) et du yang (la force, l'essence, le chaud, le mâle, le jour…). Ces deux états inséparables n'alternent pas mais coexistent, seule varie leur proportion, sans cesse modifiée. Tout être humain reproduit ce rapport dans son organisme, qu'il s'agisse de sa fréquence cardiaque, de sa respiration ou de son métabolisme. Qu'est-ce alors que la maladie ? Une rupture de l'harmonie fondamentale entre le yin et le yang, à la fois dans l'organisme humain et dans le cosmos dont il fait partie.

Cette notion implique donc, *a priori*, une médecine globale – une médecine du malade au sein du monde, dirais-je. Là se trouve sans doute la séparation fondamentale d'avec la médecine occidentale, qui ne s'intéresse qu'à l'individu et découpe souvent celui-ci en morceaux, selon ses maux et ses symptômes.

Les traités de médecine chinoise divisent chaque groupe de symptômes en une multitude de variantes aux noms qui nous paraissent souvent mystérieux. Mais ils ne proposent pas d'explication sur le fonctionnement des organes, du moins dans les termes forgés par nos connaissances modernes. Citons le couple « froid-humide » qui définit l'asthme, ou encore la notion de « l'excès en yang de feu du cœur » utilisée pour évoquer l'hypertension. Ces noms décrivent et illustrent avec des nuances étonnantes les différences les plus subtiles des signes de la maladie.

Prenons le cas de quelqu'un qui a des nausées et vomit. Les Chinois proposent plusieurs diagnostics. L'un considère que cette personne a « le feu du foie qui attaque l'estomac ». Cela signifie que ce trouble a son origine dans le foie et la vésicule biliaire. Trop tendue, celle-ci entraîne le reflux de la bile dans l'estomac et provoque des nausées. Dès lors, ce n'est pas l'estomac et le cœur qu'il convient de traiter mais la vésicule. Un autre diagnostic est possible : la personne a « le feu dans le cœur ». Là, on met en cause une montée de tension artérielle, ce qui entraîne le mal de cœur. Le traitement consiste alors à agir sur cet organe. Mais peut-être a-t-on simplement trop mangé, ce qui fait que l'estomac est devenu trop tendu ? Un traitement approprié interrompra cette manifestation.

Aux yeux de la médecine chinoise, un organe est un système complexe, dynamique, comprenant en même temps toutes ses fonctions, ses relations avec les autres organes, les muscles et les tissus. C'est pourquoi on utilise le terme de « méridien d'organe ».

Imaginons une cascade d'eau puissante, régulière, efficace. Celle-ci se divise ensuite en plusieurs ramifications qui actionnent ici et là des turbines ou des usines, emplissent des réservoirs ou tout simplement un étang paisible. Ce mécanisme est assimilable à celui de notre corps.

Si le débit se trouve bloqué, si l'un ou l'autre de ces cours d'eau est obstrué, l'écoulement normal ne peut se poursuivre. C'est alors qu'un envasement, une sécheresse, une inondation – ou autres anomalies – peuvent se produire. Les tâches prévues, comme faire tourner un moteur, emplir un réservoir ou enjoliver un jardin d'agrément, ne sont plus accomplies convenablement. Il faut intervenir.

En général, le mécanicien appelé en renfort essaie obstinément de réparer la turbine en la nettoyant ou en changeant des pièces, cherchant à rétablir une pression suffisante dans le réservoir, tandis que le jardinier, lui, tente de curer l'étang envasé. Ce sont des réparations logiques, si l'on s'en tient à l'observation de la situation locale. Mais elles ne produisent qu'un effet temporaire car elles ne remontent pas à la source. Aucun de ces deux réparateurs ne se demande si l'alimentation en eau est suffisante, régulière et de bonne qualité. La machine ne sera donc jamais vraiment remise en état de marche.

De la même manière, confronté à une perturbation corporelle affectant un malade, le médecin occidental « classique » néglige souvent, lui aussi, de remonter à la source parfois bien cachée, d'identifier l'organe impliqué, dont l'altération entraîne tant d'effets en cascade. Et les sources sont nombreuses : foie, reins, poumons, cœur… chacune agit comme un véritable chef d'orchestre qui commanderait à distance plusieurs musiciens. Il arrive que l'un (ou plusieurs) de ces musiciens n'exécute plus correctement sa partition et produise fausses notes ou contretemps. Que s'est-il passé ? Paresse subite ? Instrument défectueux ? Ordre aberrant venu du chef d'orchestre éloigné ? Habitué à ne relever que « ce qui ne marche pas », ce qui gêne dans l'immédiat, notre médecin occidental classique constate le « couac » et s'efforce d'éviter sa répétition – comme s'il suffisait pour retrouver l'harmonie de supprimer les fausses notes, ou, au mieux, de changer une corde d'un violon, sans observer que, là-bas, le chef d'orchestre responsable de la bonne marche de l'ensemble s'est trompé de partition ou même qu'il a cessé de diriger…

Pour utiliser le vocabulaire médical, on pourrait dire que ce médecin se limite le plus souvent à un traitement symptomatique, c'est-à-dire du symptôme, de la manifestation ou du trouble apparent, repérable à l'œil, au toucher, à l'oreille ou grâce aux moyens supplémentaires d'investigation : radios, analyses biologiques, scanners, dont dispose à foison la médecine moderne. Mais ce seul traitement des symptômes ne suffit pas, car ils réapparaissent et se transforment, parfois même s'installent durablement : on dit alors qu'ils deviennent chroniques. Il aurait fallu, au contraire, que notre médecin remonte le cours de ces ruisseaux embrouillés, analyse les fonctions de chaque organe pour parvenir à la source des maux.

Reprenons l'exemple de ce patient souffrant du dos dont j'ai parlé au début de ce chapitre. Le médecin occidental à qui il s'adressera fera immédiatement procéder à des radios, constatera que le disque est en mauvais état. Voilà la cause trouvée de ses maux ! D'où infiltrations, séances de kinésithérapie, certes très utiles, mais qui ne le guériront pas pour autant. Et il traînera son mal comme un pesant fardeau au fil des années…

La médecine chinoise interprète les choses d'une façon différente. Génétiquement ou à la suite d'une atteinte, le rein se sent fatigué, ne parvenant pas à remplir correctement sa fonction. Il s'adresse alors, dans le cortex cérébral, à la zone de régularisation des reins et lui tient ce langage :

— Cher cerveau, je suis fatigué, je ne remplis plus mes fonctions à cent pour cent.

Le centre chargé de la régulation lui répond :

— Mon cher rein, nous allons privilégier la plus importante de vos fonctions. Ainsi le dommage causé à l'ensemble du corps sera-t-il réduit.

Parmi toutes les tâches qu'accomplit un organe, en effet, il en existe une qu'il privilégie car elle constitue sa fonction la plus vitale (par exemple la respiration pour les poumons). Lorsque l'organe se dérègle, il fait donc appel au cortex et celui-ci assure à la fois sa survie et le maintien de ce travail essentiel, en mobilisant toutes les forces qui, habituellement, se consacrent à la réalisation des autres tâches – quitte à ce que celles-ci soient maintenues à bas régime, voire en pâtissent, se détériorent. Mais la fonction première de l'organe en difficulté sera conservée le plus longtemps possible en état de marche. Une telle protection, de telles compensations constituent le système d'adaptation de nos organes. Il se montre généralement efficace et nous n'avons pas conscience du travail accompli.

Mais il arrive aussi que l'organe, bien que devenu très « spécialisé », se trouve trop sollicité et, bientôt, débordé par l'ampleur de sa tâche. D'autre part, l'organisme ne peut se passer sans inconvénient des travaux que l'organe touché a plus ou moins abandonnés.

Aussi s'efforce-t-il de pallier cette absence en sollicitant les autres organes, qui sont mis à contribution et voient à leur tour leur activité intensifiée, ces efforts tendant à compenser partiellement les défaillances. Pour reprendre l'exemple de notre orchestre, c'est un peu comme si les cuivres venaient au secours des cordes en jouant une partie de leur partition.

L'organe en difficulté demeure fragilisé ; il fonctionne anormalement, à la fois à cloche-pied (il ne joue pas à fond) et en surrégime (on pousse les feux). Tout cela contribue à le faire souffrir, car il ne peut compenser ni tourner durablement à un régime maximal sans donner des signes de fatigue et de faiblesse. C'est précisément ce dont le patient se plaint et qu'observe le médecin : fatigue, manque d'énergie. Mais le médecin n'en trouve pas la cause réelle, qui est la perturbation latente de l'organe. Et l'organe lui-même ne lui vient pas en aide, si je puis dire : il ne manifeste encore ni signes morphologiquement visibles (tumeur, kyste, calculs) ni douleur – pour la simple raison que la plupart des organes ne possèdent de terminaisons nerveuses que dans leur capsule externe.

Si ce système de compensation se révèle d'une grande efficacité (bien que temporaire) pour l'organe, qu'il préserve au maximum, il constitue en revanche un piège pour le diagnostic médical classique. En effet, que révèlent les analyses qui évaluent le fonctionnement de cet organe ? Rien. Elles paraissent bonnes, normales. C'est logique, puisqu'elles testent la fonction principale, justement la moins touchée ! Par exemple, si l'on soupçonne un problème hépatique, on fait doser les transaminases, dosage qui révèle la bonne qualité de la fonction principale mais, en réalité, fournit une information insuffisante : le médecin en conclut qu'il n'y a pas de dérèglement. Erreur : il aurait dû choisir d'autres tests plus affinés, des analyses « de provocation » qui évaluent la qualité des réserves, la qualité des autres tâches du foie. Le problème, alors, serait apparu.

Comment la médecine classique chinoise, qui n'a pas d'analyses de laboratoire à sa disposition, sait-elle que l'hypothalamus, centre de régularisation de tous les organes, est intervenu pour demander à l'organe à problème de privilégier une certaine fonction, en même temps qu'il ordonnait à d'autres organes de prendre la relève – en l'espèce qu'ils envoient plus de sang au niveau rénal pour améliorer son fonctionnement ?

En définissant d'abord où et à quel moment du rythme humain la proportion yin-yang est devenue anormale. Ce diagnostic se fait par l'interrogation des divers pouls, lesquels ne se limitent pas à informer sur la fréquence des pulsations cardiaques : leur examen constitue une véritable discipline, où l'on discerne trente formes principales de pouls, lesquelles se combinent dans une multitude de variétés !

Les techniques de diagnostic permettent ensuite de capter rapidement et avec certitude les signaux d'alarme émis par un organe en détresse. Si cet organe (foie, rein, poumons…) traverse une mauvaise passe, le cerveau déclenche des signaux d'alarme, des lampes rouges parfaitement repérables en certains points du corps : des points d'acupuncture situés sur le tronc, des points localisés dans les oreilles (auriculodiagnostic) ou sous les pieds (pododiagnostic), tous en relation avec l'organe concerné. D'ordinaire muets, ces points deviennent alors sensibles et douloureux au toucher. C'est une sorte d'alerte générale. On pourrait d'ailleurs aussi bien déceler ces signaux dans la bouche, le nez, la langue, le pouls, une zone du gros intestin ou ailleurs, à tous les niveaux, mais ce serait évidemment moins facile d'accès…

Revenons à notre patient souffrant des reins. J'interroge le corps de cet homme. Quand je palpe les points de la maladie correspondant à ces signaux, ils sont douloureux.

Si je les masse, ou les pique par acupuncture, ce qui constitue un traitement plus fort, ils envoient au cerveau un « signal d'agir » : ce signal intervient directement sur le centre de régulation de l'organe dans le cerveau, ou directement par la moelle épinière. Il le stimule de nouveau – bien entendu, non pas immédiatement mais au terme d'un traitement. En même temps, évidemment, je demande à mon patient de boire beaucoup plus, pour faciliter le travail de ses reins, et je ne dédaigne pas de faire appel à certains médicaments de la pharmacopée occidentale.

Rien de mystérieux ni de miraculeux, on le voit.

Mais la médecine chinoise classique se préoccupe aussi de l'esprit du patient, s'intéresse à la fois à son passé médical et à son mode de vie, car l'esprit ne vit pas séparément des organes : chaque émotion est attachée à un organe précis et les problèmes spirituels se répercutent sur le fonctionnement de celui-ci. C'est du reste réciproque : chaque dysfonctionnement de l'organe se répercute sur le plan émotionnel.

Ainsi, lorsque je suis en présence d'un malade, je cherche à connaître son rythme de vie, ses problèmes. Il est évident qu'une personne qui vit à une cadence peu en rapport avec les rythmes naturels en subira des conséquences, comme l'angoisse, le stress, etc. La médecine psychosomatique a vérifié le bien-fondé de cette antique notion chinoise...

L'alimentation est également une donnée importante. Manger n'importe quoi, n'importe quand (on retrouve cette notion de rythme...) ne fait pas que détraquer l'estomac mais peut entraîner des ennuis cardiaques ou urinaires.

Pour ce qui est des remèdes, les médecins chinois actuels n'hésitent pas à faire appel aux produits et aux techniques venus d'Occident : les médicaments sophistiqués, les appareils, les vitamines ou les antibiotiques sont les bienvenus : ils ne sont pas sectaires, ces chers confrères ! Du reste, la Chine a elle-même emprunté aux envahisseurs turcs et mongols la chirurgie et l'art dentaire...

L'acupuncture et la digitopuncture (qui en est une forme atténuée) s'intègrent dans l'ensemble cosmique : douze lignes essentielles (comme les douze mois de l'année ou les douze heures chinoises du jour) porteuses d'une énergie vitale parcourent notre corps et comportent

365 points (comme les jours de l'année). Elles sont soumises au yin et au yang selon des rapports précis.

L'aiguille d'acupuncture (ou le massage de digitopuncture) considérée comme un lien entre l'équilibre du cosmos et l'équilibre perturbé du malade apporte ou retire de l'énergie en chacun de ces points, rétablissant ainsi l'harmonie perdue.

Bien entendu, la science occidentale a cherché à définir ce qu'étaient ces lignes, appelées méridiens. On a procédé à des expériences de physique ou d'électronique... sans résultats évidents. La science du XXᵉ siècle est incapable de savoir quelle est la nature d'un méridien, pas plus, il est vrai, qu'elle ne parvient à définir ce qu'est la mémoire. De même, on ne sait pas exactement ce que sont les points d'acupuncture, situés sur la peau à une profondeur qui varie d'un individu à l'autre selon l'épaisseur et l'enrobage graisseux – c'est pourquoi on les trouve généralement plus en surface chez les enfants.

Chaque point est très petit, de 0,2 à 0,8 mm² au grand maximum, et témoigne de propriétés particulières : la peau est plus fragile, la conduction nerveuse plus élevée, la sensibilité à la température différente.

Les effets de ces points ont suscité de nombreuses recherches dans tous les pays du monde, menées par des médecins et des chercheurs très divers. On sait d'abord, pour l'avoir observé par l'expérience durant des millénaires, et plus récemment par des études scientifiques, que les points se trouvent intimement liés au système de défense de l'organisme contre la douleur, qu'ils sont capables de l'atténuer considérablement et parfois même de la neutraliser. On a également mis en valeur leurs connexions avec le système nerveux et leur implication dans la régulation du sommeil, de la mémoire, de l'éveil ainsi que plus localement dans le tonus neuromusculaire.

Chaque point, comme on l'a déjà dit, permet une action spécifique, strictement définie. C'est un véritable dispositif de commande et de contrôle.

Cependant, ces multiples recherches, aussi fines que sophistiquées, n'ont pas permis de déceler la moindre « particule spéciale » dans les zones de ces points. On observe seulement qu'ils se situent à un endroit où fourmillent particulièrement les veines, artères ou nerfs, qui sont les moyens de transport de l'information. D'ailleurs, lorsque l'on agit sur la zone qui entoure le point, il ne se produit rien, alors qu'une stimulation d'un point précis et bien localisé entraîne des réactions.

Cela tient, me semble-t-il, à ce que le point d'acupuncture est une minuscule structure changeante, mobile, à l'image d'un microcristal liquide. C'est cela qui rend si difficile de voir et d'analyser sa constitution – à peu près aussi difficile que d'isoler un oligo-élément dans l'eau.

Comment la stimulation d'un point d'acupuncture bien précis agit-elle ? Comment cette infime impulsion, pourtant souvent fort éloignée de l'organe malade ou du lieu douloureux, devient-elle cette action bienfaisante qui calme la douleur ou stimule et régule les fonctionnements de différents organes ?

Cette action s'exerce en plusieurs temps et à différents niveaux, provoquant une sorte de « double commande », autrement dit des réactions en plusieurs épisodes.

Chaque action (aiguille ou massage) sur un point d'acupuncture provoque un triple effet : d'abord une diminution de la douleur (c'est l'analgésie), ensuite une décontraction des muscles et vaisseaux sanguins, enfin une amélioration locale de la nutrition des tissus.

Mais ces effets, qui empruntent les chemins des nerfs, s'exercent eux-mêmes à trois niveaux, ce qui explique la diffusion de cette action et son action à distance.

Le premier niveau d'action est local – à l'endroit du point.

Le deuxième se localise dans le segment nerveux correspondant à une fraction précise de la moelle épinière qui « gouverne » l'innervation de toute une zone corporelle. Il faut en effet savoir que chaque section bien définie de la moelle épinière innerve un complexe peau, muscles, os et organe. Par exemple, au niveau des vertèbres cervicales de C4 à C7, la moelle assure l'innervation du bras, des cervicales, du larynx, de la plèvre et d'une partie des poumons.

Ainsi, pour soigner une atteinte du larynx et des poumons, il est possible d'agir sur tous les points du bras et de l'étage cervical, quel que soit le méridien stimulé, car il s'agit d'une zone régie par la même innervation. C'est ce que l'on appelle l'effet segmentaire.

Le troisième niveau d'action se situe sur le plan général. La stimulation d'un point constitue tout au long du méridien une sorte de ligne de force parsemée de points d'acupuncture.

Les principaux méridiens se répartissent de chaque côté de la ligne médiane du corps, couplés deux à deux. Ils relient toutes les régions du corps, des pieds à la tête, mais ne sont pas identifiables anatomiquement. Chaque méridien est une ligne imaginaire reliant des points qui agissent en priorité sur l'organe dont il porte d'ailleurs le nom – méridien de l'estomac, du cœur, du gros intestin, etc.

Si l'on agit sur le méridien du poumon, même à distance, un effet se produira sur cet organe. On l'a prouvé expérimentalement : en massant un point du méridien « maître du cœur », on observe une modification de la tension artérielle, sans que ce massage ait un effet sur la respiration. En revanche, le massage d'un point du méridien du poumon a des conséquences sur la respiration.

Le rythme du temps intervient aussi.

Nous l'avons dit, dans la médecine chinoise, l'individu n'est pas isolé mais vit dans un univers dont son corps reproduit les rythmes et les relations.

Aussi la médecine chinoise définit-elle des périodes d'activité. L'énergie vitale parcourt successivement tous les méridiens au cours des 24 heures. Ces passages déterminent pour chacun des douze méridiens une période d'activité maximale et de sensibilité la plus vive de deux heures, durant laquelle l'organe correspondant se trouve particulièrement vulnérable. Il souffre ou manifeste les symptômes d'un fonctionnement altéré.

Ces manifestations temporelles régulières et spécifiques confortent le diagnostic. Par exemple, se réveiller fréquemment entre 3 et 5 heures du matin montre que le poumon est atteint. Se sentir régulièrement fatigué entre 17 et 19 heures témoigne que les reins souffrent.

Les Chinois retiennent également l'influence des modifications météorologiques telles que des variations de température, de vent, de froid. L'influence des saisons n'est pas à négliger, car elles peuvent avoir une action favorable ou créer des perturbations. Pour chaque organe il existe une saison spécialement défavorable durant laquelle il se trouve plus vulnérable.

La tradition chinoise assure que le cœur souffre en été et les observations statistiques confirment qu'il y a plus d'hémorragies cérébrales durant les mois chauds. En revanche, l'hiver est la saison où se manifestent les coliques néphrétiques. De là découlent pour les Chinois des conseils simples : comment se chauffer, quand se montrer particulièrement vigilant, à quelle époque respecter scrupuleusement la prescription des médicaments, etc.

La médecine occidentale tient d'ailleurs partiellement compte de ces éléments saisonniers. On connaît l'effet bénéfique du soleil sur le rachitisme et la fréquence des grippes et rhinopharyngites en hiver. Des psychiatres ont bien repéré ces effets et expliquent certaines dépressions d'automne par un manque de lumière qui, chez des personnes prédisposées, perturbe la production d'hormones cérébrales intervenant dans l'équilibre de l'humeur.

Tous nos organes sont en correspondance avec un élément de l'univers qui n'est pas choisi au hasard mais bien à cause du rôle qu'il peut jouer. Cet élément aide à maintenir de bonnes relations entre les organes. Ainsi, comme on le sait, l'eau éteint le feu. Quand l'eau manque, le feu grandit, ce qui signifie que le méridien du rein (l'eau) agit sur le cœur (le feu) et que s'il n'agit pas suffisamment, le cœur souffre. Un exemple simple : l'hypertension artérielle accompagne presque toujours l'insuffisance rénale. On voit que les relations symboliques ne sont guère éloignées des explications physiologiques.

Enfin, chaque organe s'accompagne d'une tonalité émotionnelle particulière, privilégiant l'expression d'une émotion. Un trouble organique peut donc se trouver lié à une humeur dominante. La colère concerne la vésicule biliaire, tandis que le foie est associé à la confiance en soi, à la force morale. En chinois, le foie est un « soldat valeureux ». Le poumon est lié à l'angoisse. A-t-on déjà oublié la fréquence de la tuberculose chez les femmes seules ou abandonnées auxquelles on prescrivait d'ailleurs… la joie comme remède ?

Ainsi, chaque système énergétique constitue une barrière spécifique contre les agressions externes (climatiques, infectieuses ou psychologiques), et contre les assauts internes que sont les émotions. Par exemple, le système du foie forme une barrière contre le vent et contre les contrariétés, la colère. Les maux qui apparaissent par temps de mistral (yeux qui larmoient, migraines, vertiges, etc.) indiquent donc une fragilité du foie. Et on connaît depuis de longs siècles l'irritabilité particulière due au vent : « pas de jugement un jour de mistral », disait la loi, en précisant que ce jour-là, le juge risquait d'être d'humeur coléreuse et donc de manquer d'impartialité. De la même manière, le système des reins constitue une barrière contre le froid, la pluie et contre la peur ; le système des poumons, contre la sécheresse et contre les angoisses ; le système de la rate et du pancréas, contre l'humidité et contre l'anxiété ; le système du cœur, contre la chaleur et contre l'excitation.

Quelle que soit la situation dans laquelle nous nous trouvons, deux forces s'opposent : les agressions internes ou externes d'une part, et la résistance propre de notre corps d'autre part. Si la barrière constituée par le système énergétique de nos différents organes oppose une résistance suffisante, alors le corps fait obstacle aux agressions et le mal n'apparaît pas. C'est sur la connaissance de cette « organisation de défense » que repose la possibilité de prévenir nos maladies.

La médecine chinoise, on le voit, plus qu'une technique ou une science, constitue un véritable art de vivre en harmonie avec soi-même, la nature et le cosmos.

C'est en cela qu'elle peut apporter beaucoup à nos corps et nos âmes.

En phase avec la nature

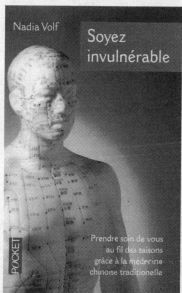

Nadia Volf

Soyez
invulnérable

Prendre soin de vous
au fil des saisons
grâce à la médecine
chinoise traditionelle

POCKET

(Pocket n° 11057)

Nadia Volf nous propose, à l'image des biorythmes de la nature, d'adapter notre organisme aux changements de saison. Connaître et suivre quotidiennement quelques règles simples permet de prévenir les agressions extérieures ; mois après mois, traiter les faiblesses de certains organes plus particulièrement liés à une saison est un bon moyen d'éviter les baisses d'énergie, le stress, les maux de tête… Une méthode atypique pour être en forme toute l'année.

Il y a toujours un Pocket à découvrir

Les gestes qui sauvent

Dr René Gentils

Guide des urgences familiales

Apprendre **les gestes qui sauvent** et savoir quoi faire en toutes circonstances

POCKET Évolution
Des livres pour vous faciliter la vie !

(Pocket n° 12311)

Comment réagir face à un accident domestique ? Comment déterminer son degré de gravité ? Que faire d'utile et d'efficace en attendant l'arrivée des secours ? C'est à toutes ces questions et à bien d'autres que cet ouvrage répond, de manière complète, précise et simple. Adopter le *Guide des urgences familiales*, c'est l'assurance de pouvoir prendre la meilleure décision et d'agir intelligemment et calmement en toute situation.

Il y a toujours un Pocket à découvrir

Équilibre au quotidien

Pierre Pallardy

Vaincre
fatigue, stress, déprime
et protéger son cœur

POCKET Évolution

(Pocket n° 12330)

Baisse de tonus, anxiété, perte de joie de vivre : triomphez enfin de tous ces maux qui envahissent notre quotidien en suivant la méthode de Pierre Pallardy. En conciliant diététique, thérapie manuelle et psychothérapie, chacun peut reprendre son corps et sa vie en main, de façon à profiter du quotidien malgré toutes les contraintes de la vie moderne. Toutes les clés pour une vie épanouie, en pleine santé.

Il y a toujours un Pocket à découvrir

Composé par Nord Compo
à Villeneuve-d'Ascq

Impression réalisée sur Presse Offset par

BRODARD & TAUPIN

GROUPE CPI

32606 – La Flèche (Sarthe), le 16-11-2005

Dépôt légal : décembre 2005

POCKET – 12, avenue d'Italie - 75627 Paris cedex 13
Tél. : 01.44.16.05.00

Imprimé en France